A Revolução Mexicana

REVOLUÇÕES DO SÉCULO 20

Carlos Alberto Sampaio Barbosa

A Revolução Mexicana

Coleção Revoluções do Século 20
Direção de Emília Viotti da Costa

Direitos de publicação reservados à:
Fundação Editora da UNESP (FEU)
Praça da Sé, 108
01001-900 – São Paulo – SP
Tel.: (0xx11) 3242-7171
Fax: (0xx11) 3242-7172
www.editoraunesp.com.br
www.livrariaunesp.com.br
atendimento.editora@unesp.br

CIP – Brasil. Catalogação na fonte
Sindicato Nacional dos Editores de Livros, RJ

B196r

Barbosa, Carlos Alberto Sampaio, 1966-

A revolução mexicana/Carlos Alberto Sampaio Barbosa; direção [da série] de Emília Viotti da Costa. – São Paulo: Editora UNESP, 2010.
136p. : il., mapa – (Revoluções do Século XX)

Inclui bibliografia
ISBN 978-85-393-0042-6

1. México – História – Revolução, 1910-1920. 2. México – História – 1867-1910. 3. México – História – 1910-1946. 4. México – História – Século XX. I. Título. II. Série.

10-2558. CDD: 972.0816
CDU: 94(72)"1910/1920"

Editora afiliada:

Apresentação da coleção

O século XIX foi o século das revoluções liberais; o XX, o das revoluções socialistas. Que nos reservará o século XXI? Há quem diga que a era das revoluções está encerrada, que o mito da Revolução que governou a vida dos homens desde o século XVIII já não serve como guia no presente. Até mesmo entre pessoas de esquerda, que têm sido ao longo do tempo os defensores das ideias revolucionárias, ouve-se dizer que os movimentos sociais vieram substituir as revoluções. Diante do monopólio da violência pelos governos e do custo crescente dos armamentos bélicos, parece a muitos ser quase impossível repetir os feitos da era das barricadas.

Por toda parte, no entanto, de Seattle a Porto Alegre ou Mumbai, há sinais de que hoje, como no passado, há jovens que não estão dispostos a aceitar o mundo tal como se configura em nossos dias. Mas quaisquer que sejam as formas de lutas escolhidas, é preciso conhecer as experiências revolucionárias do passado. Como se tem dito e repetido, quem não aprende com os erros do passado está fadado a repeti-los. Existe, contudo, entre as gerações mais jovens, uma profunda ignorância desses acontecimentos tão fundamentais para a compreensão do passado e a construção do futuro. Foi com essa ideia em mente que a Editora UNESP decidiu publicar esta coleção. Esperamos que os livros venham a servir de leitura complementar aos estudantes da escola média, universitários e ao público em geral.

Os autores foram recrutados entre historiadores, cientistas sociais e jornalistas, norte-americanos e brasileiros, de posições políticas diversas, cobrindo um espectro que vai do centro até a esquerda. Essa variedade de posições foi conscientemente buscada. O que perdemos, talvez, em consistência, esperamos ganhar na diversidade de interpretações que convidam à reflexão e ao diálogo.

Para entender as revoluções no século XX, é preciso colocá-las no contexto dos movimentos revolucionários que se desencadearam a partir da segunda metade do século XVIII, resultando na destruição final do Antigo Sistema Colonial e do Antigo Regime. Apesar das profundas diferenças, as revoluções posteriores procuraram levar a cabo um projeto de democracia que se perdeu nas abstrações e contradições da Revolução de 1789 e se tornou o centro das lutas do povo a partir daí. De fato, o século XIX assistiu a uma sucessão de revoluções inspiradas na luta pela independência das colônias inglesas na América e na Revolução Francesa.

Em 4 de julho de 1776, as treze colônias que vieram inicialmente a constituir os Estados Unidos da América declaravam sua independência e justificavam a ruptura do Pacto Colonial. Em palavras candentes e profundamente subversivas para a época, afirmavam a igualdade dos homens e apregoavam como seus direitos inalienáveis: o direito à vida, à liberdade e à busca da felicidade. Afirmavam que o poder dos governantes, aos quais cabia a defesa daqueles direitos, derivava dos governados. Portanto, cabia a estes derrubar o governante quando ele deixasse de cumprir sua função de defensor dos direitos e resvalasse para o despotismo.

Esses conceitos revolucionários que ecoavam o Iluminismo foram retomados com maior vigor e amplitude treze anos mais tarde, em 1789, na França. Se a Declaração de Independência das colônias americanas ameaçava o sistema colonial, a Revolução Francesa viria pôr em questão todo o Antigo Regime, a ordem social que o amparava, os privilégios da aristocracia, o sistema de monopólios, o absolutismo real, o poder divino dos reis.

Não por acaso, a Declaração dos Direitos do Homem e do Cidadão, aprovada pela Assembleia Nacional da França, foi redigida pelo marquês de La Fayette, francês que participara das lutas pela independência das colônias americanas. Este contara com a colaboração de Thomas Jefferson, que se encontrava na França, na ocasião como enviado do governo americano. A Declaração afirmava a igualdade dos homens perante a lei. Definia como seus direitos inalienáveis a liberdade, a propriedade, a segurança e a resistência à opressão, sendo a preservação desses direitos o objetivo de toda associação política. Estabelecia que ninguém poderia ser privado de sua propriedade, exceto em casos de evidente necessidade pública legalmente comprovada, e desde que fosse prévia e justamente indenizado. Afirmava ainda a soberania da nação e a supremacia da lei. Esta era definida como expressão da vontade geral e deveria ser igual para todos. Garantia a liberdade de expressão, de ideias e de religião, ficando o indivíduo responsável pelos abusos dessa liberdade, de acordo com a lei. Estabelecia um imposto aplicável a todos, proporcionalmente aos meios de cada um. Conferia aos cidadãos o direito de, pessoalmente ou por intermédio de seus representantes, participar na elaboração dos orçamentos, ficando os agentes públicos obrigados a prestar contas de sua administração. Afirmava ainda a separação dos poderes.

Essas declarações, que definem bem a extensão e os limites do pensamento liberal, reverberaram em várias partes da Europa e da América, derrubando regimes monárquicos absolutistas, implantando sistemas liberal-democráticos de vários matizes, estabelecendo a igualdade de todos perante a lei, adotando a divisão dos poderes (legislativo, executivo e judiciário), forjando nacionalidades e contribuindo para a emancipação dos escravos e a independência das colônias latino-americanas.

O desenvolvimento da indústria e do comércio, a revolução nos meios de transportes, os progressos tecnológicos, o processo de urbanização, a formação de uma nova classe social – o proletariado – e a expansão imperialista dos países europeus na África e na Ásia geravam deslocamentos, conflitos sociais e guerras em várias partes do mundo. Por toda a parte os grupos excluídos defrontavam-se com novas oligarquias que não atendiam às suas necessidades e não respondiam aos seus anseios. Estes extravasavam em lutas visando a tornar mais efetiva a promessa democrática que a acumulação de riquezas e poder nas mãos de alguns, em detrimento da maioria, demonstrara ser cada vez mais fictícia.

A igualdade jurídica não encontrava correspondência na prática; a liberdade sem a igualdade transformava-se em mito; os governos representativos representavam apenas uma minoria, pois a maioria do povo não tinha representação de fato. Um após outro, os ideais presentes na Declaração dos Direitos do Homem foram revelando seu caráter ilusório. A resposta não se fez tardar.

Ideias socialistas, anarquistas, sindicalistas, comunistas, ou simplesmente reformistas apareceram como críticas ao mundo criado pelo capitalismo e pela liberal-democracia. As primeiras denúncias ao novo sistema surgiram contemporaneamente à Revolução Francesa. Nessa época, as críticas ficaram restritas a uns poucos revolucionários mais radicais, como Gracchus Babeuf. No decorrer da primeira metade do século XIX, condenações da ordem social e política criada a partir da Restauração dos Bourbon na França fizeram-se ouvir nas obras dos chamados socialistas utópicos, como Charles Fourier (1772-1837), o conde de Saint-Simon (1760-1825), Pierre Joseph Proudhon (1809-1865), o abade Lamennais (1782-1854), Étienne Cabet (1788-1856), Louis Blanc (1812-1882), entre outros. Na Inglaterra, Karl Marx (1818-1883) e seu companheiro Friedrich Engels (1820-1895) lançavam-se na crítica sistemática ao capitalismo e à democracia burguesa, e viam na luta de classes o motor da história e, no proletariado, a força capaz de promover a revolução social. Em 1848, vinha à luz o *Manifesto comunista*, conclamando os proletários do mundo a se unirem.

Em 1864, criava-se a Primeira Internacional dos Trabalhadores. Três anos mais tarde, Marx publicava o primeiro volume de *O capital*. Enquanto isso, sindicalistas, reformistas e cooperativistas de toda espécie, como Robert Owen, tentavam humanizar o capitalismo. Na França, o contingente de radicais aumentara bastante, e propostas radicais começaram a mobilizar um maior número de pessoas entre as populações urbanas. Os socialistas, derrotados em 1848, assumiram a liderança por um breve período na Comuna de Paris, em 1871, quando foram novamente vencidos. Apesar de suas derrotas e múltiplas divergências entre os militantes, o socialismo foi ganhando adeptos em várias partes do mundo. Em 1873, dissolvia-se a Primeira Internacional. Marx faleceu dez anos mais tarde, mas sua obra continuou a exercer poderosa influência. O segundo volume de *O capital* saiu em 1885, dois anos após sua morte, e o terceiro, em 1894. Uma nova Internacional foi fundada em 1889. O movimento em favor de uma mudança radical ganhava um número cada vez maior de participantes, em várias partes do mundo, culminando na Revolução Russa de 1917, que deu início a uma nova era.

No início do século XX, o ciclo das revoluções liberais parecia definitivamente encerrado. O processo revolucionário, agora sob inspiração de socialistas e comunistas, transcendia as fronteiras da Europa e da América para assumir caráter mais universal. Na África, na Ásia, na Europa e na América, o caminho seguido pela União Soviética alarmou alguns e serviu de inspiração a outros, provocando debates e confrontos internos e externos que marcaram a história do século XX, envolvendo a todos. A Revolução Chinesa, em 1949, e a Cubana, dez anos mais tarde, ampliaram o bloco socialista e forneceram novos modelos para revolucionários em várias partes do mundo.

Desde então, milhares de pessoas pereceram nos conflitos entre o mundo capitalista e o mundo socialista. Em ambos os lados, a historiografia foi profundamente afetada pelas paixões políticas suscitadas pela Guerra Fria e deturpada pela propaganda. Agora, com o fim da Guerra Fria, o desaparecimento da União Soviética e a participação da China em instituições até recentemente controladas pelos países capitalistas, talvez seja possível dar início a uma reavaliação mais serena desses acontecimentos.

Esperamos que a leitura dos livros desta coleção seja, para os leitores, o primeiro passo numa longa caminhada em busca de um futuro, em que liberdade e igualdade sejam compatíveis e a democracia seja a sua expressão.

Emília Viotti da Costa

Sumário

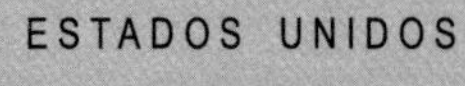
ESTADOS UNIDOS

Tijuana
Rosarito Beach
Mexicali
Enseada
Puerto Penasco
San Felipe
Heroica Nogales
Ciudad Juárez
San Quintín
SONORA
Rio Bavispe
CHIHUAHUA
Rio Conchas
Rio Grande
Baixa Califórnia
Hermosillo
Santa Rosalita
Isla Cedros
Chihuahua
Guaymas
Delicias
Ferry
Santa Rosalía
Ciudad Obregón
Golfo da Califórnia
Rio Verde
Hidalgo de Parral
Loreto
Los Mochis
Gómez Palacio
Escollus Alijos
Baixa Califórnia Sul
Culiacán
DURANGO
La Paz
Durango
Todos Santos
SINALOA
Mazatlán
Cabo San Lucas
San Blas
Islas Tres Marías
Tepic
Puerto Vallarta
Ajijic
Islas Revillagigedo
JALISCO
Colima
COLIMA
Manzanillo
Oceano Pacífico
0 100 200 300 km
0 100 200 300 mi

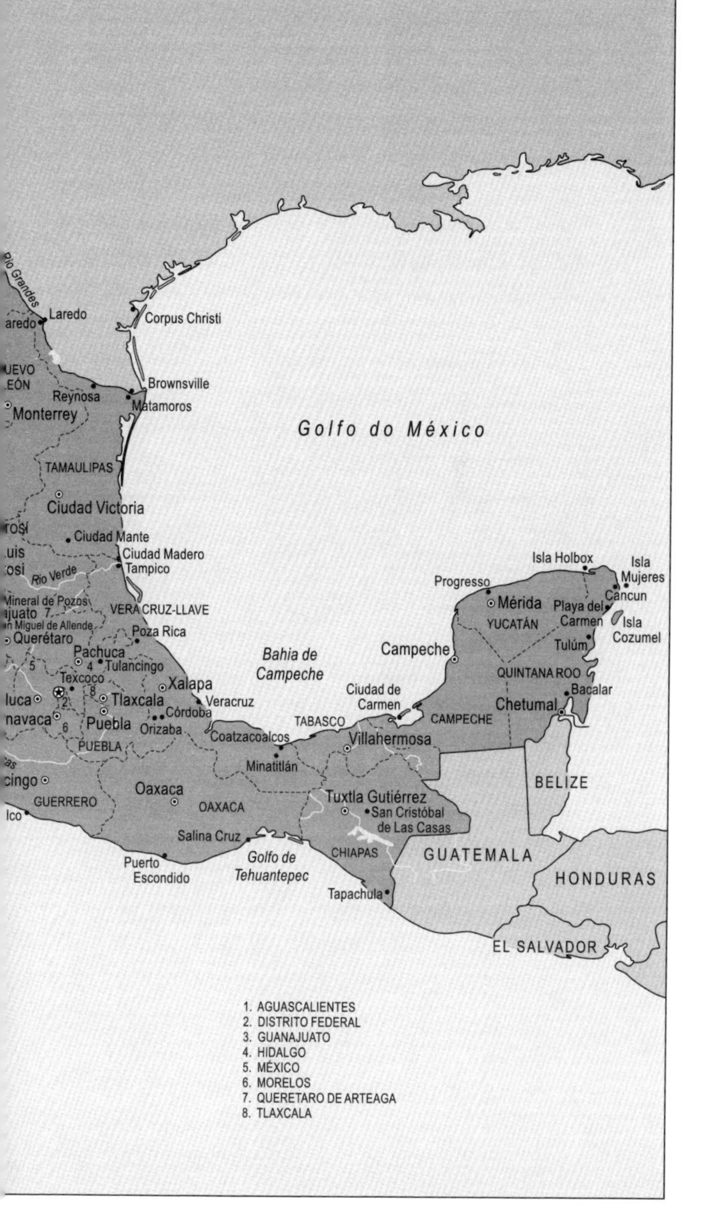

Golfo do México
Bahia de Campeche
Golfo de Tehuantepec
Laredo
Corpus Christi
Brownsville
Reynosa
Matamoros
Monterrey
TAMAULIPAS
Ciudad Victoria
Ciudad Mante
Ciudad Madero
Tampico
Rio Verde
Mineral de Pozos
VERA CRUZ-LLAVE
Poza Rica
Querétaro
Pachuca
Tulancingo
Texcoco
Xalapa
Tlaxcala
Veracruz
Puebla
Córdoba
Orizaba
PUEBLA
Coatzacoalcos
Minatitlán
TABASCO
Villahermosa
Oaxaca
OAXACA
GUERRERO
Salina Cruz
Puerto Escondido
Tuxtla Gutiérrez
San Cristóbal de Las Casas
CHIAPAS
Tapachula
Ciudad de Carmen
Campeche
CAMPECHE
Progresso
Mérida
YUCATÁN
Isla Holbox
Isla Mujeres
Cancun
Playa del Carmen
Isla Cozumel
Tulúm
QUINTANA ROO
Bacalar
Chetumal
BELIZE
GUATEMALA
HONDURAS
EL SALVADOR
1. AGUASCALIENTES
2. DISTRITO FEDERAL
3. GUANAJUATO
4. HIDALGO
5. MÉXICO
6. MORELOS
7. QUERETARO DE ARTEAGA
8. TLAXCALA

Lista de abreviaturas

CGOCM	Confederación General de Obreros y Campesinos de México [Confederação Geral dos Operários e Camponeses do México]
COM	Casa del Obrero Mundial [Casa do Operário Mundial]
CROM	Confederación Regional Obrera Mexicana [Confederação Regional Operária Mexicana]
CTM	Confederación de Trabalhadores de México [Confederação dos Trabalhadores do México]
EZLN	Exército Zapatista de Libertação Nacional
IWW	Industrial Workers of the World [Trabalhadores Industriais do Mundo]
PAN	Partido Ação Nacional
PLC	Partido Liberal Constitucionalista
PLM	Partido Liberal Mexicano
PNR	Partido Nacional Revolucionário
PRD	Partido da Revolução Democrática
PRI	Partido da Revolução Institucional
PRM	Partido da Revolução Mexicana
PSS	Partido Socialista do Sudeste

Introdução

O século XX no México começa efetivamente com a Revolução Mexicana. Foi a primeira revolução com claro cunho social a acontecer na América Latina nesse século. Existem muitas razões para se refletir sobre esse singular acontecimento na história mexicana e na latino-americana. Em primeiro lugar, por que deu origem a um regime estável e duradouro. Tal situação fica mais evidente se compararmos o México a outros países do sul do continente que, ao longo do século XX, passaram por golpes militares e regimes de exceção.

A Revolução Mexicana é um fenômeno muito complexo e, durante este século, muito já foi escrito sobre ela, tanto por mexicanos como por estrangeiros. Num primeiro momento, a Revolução foi enaltecida como redentora, popular e vista como uma ruptura social com o "antigo regime". Posteriormente, seu caráter revolucionário foi negado e criticado, e seus estudiosos passaram a destacar mais as continuidades entre o porfiriato e o regime pós-revolucionário. Afirmavam que não se tratou de uma revolução, mas de uma grande rebelião ou um conjunto de várias rebeliões regionais que só posteriormente, numa reiteração de identidade histórica comum, voltaram a ser englobadas sob o conceito de *a Revolução*.

Embora reconheçamos sua complexidade, com variáveis e diferenças regionais, sociais e culturais entre os distintos movimentos revolucionários – o que determinou seu caráter heterogêneo e multifacetado –, tratou-se sim de uma revolução de caráter nacional, popular, agrária e que, portanto, representou uma ruptura na história mexicana.

Para compreender melhor esse acontecimento, cabe analisar o período histórico imediatamente anterior à Revolução, chamado República Liberal. Esta pode ser dividida entre a fase da República Restaurada, quando forças liberais mexicanas lideradas por Benito Juárez expulsaram os invasores franceses apoiados pelos conservadores, e o longo governo do general Porfírio Díaz, entre 1876 e 1911. Foi durante seu regime que o país conquistou uma relativa estabilidade política e econômica, depois de décadas de crises políticas, invasões estrangeiras, perda de territórios e estagnação da economia. Entender o período que antecede a Revolução é fundamental para compreender suas causas e seus desdobramentos.

A Revolução possui três fases distintas. Uma primeira etapa em que as elites se fragmentam e lutam entre si, contando com apoio das camadas populares. Esta é a fase de caráter mais político ou maderista. Na segunda etapa, as camadas populares, em especial os camponeses, aproveitaram-se da fragmentação política das classes dominantes e tomaram o poder, impondo suas reivindicações, especialmente a reforma agrária. Embora seja um período curto, esta é a fase mais radical da Revolução, quando a massa impõe um governo popular. A última etapa foi a fase da derrota popular e do surgimento de uma nova coalizão de poder entre setores da burguesia, pequenos burgueses, operários e camponeses.

O período que se estende entre 1920 e 1940 é a fase da institucionalização e consolidação da Revolução. Nesses anos, um grupo de revolucionários originários do estado de Sonora assumiu o poder. Sua hegemonia foi interrompida apenas com a ascensão do governo de Lázaro Cárdenas (1934-1940). O governo Cárdenas representou a consumação dos projetos revolucionários da fase armada.

A Revolução Mexicana deixou uma herança que marcou a vida política, econômica e cultural do México ao longo do século XX. O Partido Nacional Revolucionário (PNR), criado em 1929, posteriormente Partido da Revolução Mexicana (PRM) e, por fim, Partido da Revolução Institucional (PRI) comandou o país até o ano 2000, quando perdeu a eleição para o Partido Ação Nacional (PAN).

De qualquer forma, a Revolução Mexicana segue como uma das poucas revoluções do século XX com alguma legitimidade aos olhos de sua população. Ainda que o PRI tenha perdido o poder central, mantém uma série de governos regionais e domina muitas instituições legislativas. Mesmo os partidos da oposição, como o Partido da Revolução Democrática (PRD), reivindicam serem legítimos representantes da Revolução. Isso sem esquecer os guerrilheiros das montanhas de Chiapas do Exército Zapatista de Libertação Nacional (EZLN), os neozapatistas, que despontaram em 1994, e se dizem os verdadeiros herdeiros do legado de Emiliano Zapata.

Cronologia

1810 – Em 15 de setembro, o padre Miguel Hidalgo inicia a Guerra de Independência.

1821 – Consumação conservadora da independência.

1821-1823 – Império de Agustín de Iturbide.

1836 – Independência do Texas.

1846 – O Texas se torna mais um estado norte-americano.

1846-1848 – Guerra entre o México e os Estados Unidos.

1848 – Tratados de Guadalupe-Hidalgo põem fim à guerra com os Estados Unidos.

1854-1857 – Guerra da Reforma, entre liberais e conservadores.

1857 – Promulgada a Constituição Federal.

1861 – Vitória dos liberais na Guerra da Reforma.

1862 – Invasão francesa.

1864-1867 – Império do arquiduque austríaco Fernando Maximiliano.

1876-1880 – Primeiro governo do general Porfírio Díaz.

1880-1884 – Governo de Manuel González.

1884-1911 – Governos seguidos de Porfírio Díaz.

1900 – Os irmãos Flores Magón fundam o jornal *Regeneración*.

1906 – Greve de Cananea e protestos de Río Blanco.

1910 – Celebração do Centenário da Independência. Porfírio Díaz é eleito presidente pela sétima vez.

5 de junho de 1910 – Prisão de Francisco Madero por sedição.

21 de junho de 1910 – Eleições presidenciais com vitória de Porfírio Díaz.

22 de julho de 1910 – Madero é liberado para prisão domiciliar em San Luis Potosí.

6 de outubro de 1910 – Fuga de Madero para os Estados Unidos.

20 de novembro de 1910 – Madero convoca os mexicanos à rebelião e se proclama presidente provisório.

1º de dezembro de 1910 – Porfírio Díaz toma posse para o mandato entre 1910 e 1916.

14 de fevereiro de 1911 – Francisco Madero cruza a fronteira entre os Estados Unidos e o México.

24 de maio de 1911 – Tratado de Ciudad Juárez e renúncia de Díaz. Governo provisório de Francisco Leon de la Barra.

15 de outubro de 1911 – Eleições presidenciais: Madero sai vitorioso.

6 de novembro de 1911 – Posse de Franscico Madero.

Dezembro de 1912 – Luis Cabrera apresenta seu projeto de lei de reconstituição dos *ejidos dos pueblos*.

9 de fevereiro de 1913 – Tentativa de golpe de Estado orquestrada por Félix Díaz contra o presidente. Ocorrem dez dias de combates na Cidade do México, que levam à destituição de Francisco Madero.

18 de fevereiro de 1913 – Pacto da Embaixada ou da *Ciudadela*. Acordo intermediado pelo embaixador norte-americano, Henry Lane Wilson, assinado entre Victoriano Huerta e Félix Díaz. Prisão do presidente e de seu vice.

19 de fevereiro de 1913 – O general Victoriano Huerta assume a Presidência.

22 de fevereiro de 1913 – Assassinato de Francisco Madero e de seu vice, José Maria Pino Suárez.

26 de março de 1913 – Venustiano Carranza, governador de Coahulia, não reconhece o governo de Huerta e lança o Plano de Guadalupe.

10 de outubro de 1913 – Huerta fecha o Congresso.

2 de abril de 1914 – A *División del Norte*, comandada por Francisco Pancho Villa, toma a cidade de Torreón.

23 de junho 1914 – A *División del Norte* toma Zacatecas.

8 de julho de 1914 – É assinado o Pacto de Torreón, entre as forças de Francisco Villa e de Venustiano Carranza.

15 de julho de 1914 – Victoriano Huerta renuncia e foge para os Estados Unidos.

13 de agosto de 1914 – Tratado de Teoloyucan, que marca a rendição e dissolução do Exército Federal.

10 de outubro de 1914 – Início dos trabalhos da Soberana Convenção Revolucionária, na cidade de Aguascalientes.

6 e 7 de abril de 1915 – Batalha de Celaya e derrota da *División del Norte*.

Dezembro de 1916/janeiro de 1917 – Assembleia Constituinte de Querétaro.

1917-1920 – Presidência de Venustiano Carranza.

Maio de 1918 – Criação da *Confederación Regional Obrera Mexicana* (CROM).

Abril de 1919 – Assassinato de Emiliano Zapata.

Abril de 1920 – Plano de Agua Prieta, início da Revolução Constitucionalista Liberal comandada por Álvaro Obregón.

Maio a dezembro de 1920 – Adolfo de la Huerta, presidente provisório.

1920-1924 – Presidência de Álvaro Obregón.

1923-1924 – Rebelião Delahuertista.

1924-1928 – Presidência de Plutarco Elias Calles.

1926-1929 – Rebelião Cristera.

1928 – Assassinato do presidente eleito Álvaro Obregón.

1928-1929 – Presidência provisória de Emilio Portes Gil.

1929 – Fundação do Partido Nacional Revolucionário (PNR), posteriormente (1938) Partido da Revolução Mexicana (PRM) e finalmente (1948) Partido da Revolução Institucional (PRI).

1929-1932 – Presidência de Pascual Ortiz Rubio.

1932-1934 – Presidência de Abelardo Rodriguez.

1934-1940 – Presidência de Lázaro Cárdenas.

1. República restaurada e porfiriato: 1876-1910

A República restaurada

O México consolidou a independência em 1821, após tentativas populares frustradas de emancipação comandadas pelos padres Miguel Hidalgo e José Maria Morelos. A independência foi proclamada com um pacto de unidade política que permitiu avançar para a autonomia em relação à Espanha e para um novo sistema político. Foi o resultado de uma complexa engenharia política costurada entre os insurgentes: constitucionalistas, monarquistas e republicanos. O México se emancipava da Espanha para dar origem à efêmera monarquia do imperador Agustín de Iturbide, que durou até 1823, quando foi proclamada a República.

A primeira metade do século XIX foi um período de lutas entre federalistas e centralistas, entre liberais e conservadores e entre republicanos e monarquistas. Embora os conservadores tenham predominado entre 1821 e 1855, coexistia uma pluralidade de atores políticos. Durante essa primeira fase independente, o país perdeu aproximadamente metade do seu território para os Estados Unidos, na guerra entre 1846 e 1848.

A vitória dos liberais em 1855 representou a derrota dos conservadores e seus aliados: a Igreja, o Exército e os Caciques Regionais. Os liberais acreditavam que as comunidades indígenas eram entraves para o progresso, na medida em que impediam a transformação das terras em mercadoria e retinham uma grande quantidade de mão de obra trabalhando no cultivo de suas terras comunais. Os liberais chegavam ao poder com uma plataforma de reformas que, acreditavam, transformariam a face do país. Sumariamente falando, procuravam acabar com os tribunais eclesiásticos especiais e propunham que, a partir daquele momento, o julgamento do clero fosse realizado por tribunais civis. Buscavam também criar um Estado laico, ou seja, o catolicismo não mais seria a religião oficial. Para tanto, implantaram o casamento civil e proibiram a posse de terras pela Igreja. Decretaram, ademais, o fim das prerrogativas jurídicas do Exército. Defendiam o predomínio civil da Presidência da República, pois estavam cansados do domínio de militares como o general Antonio Lopez de Santa Anna, que monopolizou o poder por mais de vinte anos, entre 1833 e 1855.

Os conservadores não aceitaram tranquilamente a perda de privilégios e resistiram de todas as formas, chegando, num último gesto de desespero, a fazer uma aliança com Luís Bonaparte, que tinha pretensões imperialistas na América Latina. O resultado foi a intervenção francesa (1862-1867) e a imposição do arquiduque austríaco, Fernando Maximiliano, como monarca.

A segunda monarquia mexicana durou pouco e não suportou a oposição nacionalista dos liberais. Com a derrota e a retirada das tropas francesas, o Exército conservador aliado das forças neocoloniais foi derrotado definitivamente, no verão de 1867. Maximiliano foi preso juntamente com os generais Miguel Miramón e Tomás Mejía, submetidos à corte marcial, condenados e fuzilados na cidade de Querétaro, no dia 19 de julho de 1867. Dois dias depois, com a queda do regime monárquico, era restaurada a República. Porfírio Díaz foi um dos comandantes das tropas republicanas que entraram na Cidade do México ao lado de outro general, Juan José Baz, denominado *comecuras*, alcunha recebida por sua perseguição aos religiosos. Este último foi designado governador do Distrito Federal e assumiu suas funções expulsando as freiras de seus conventos. Executou também vários servidores públicos do regime monárquico – os chamados *lambiscones* –, além de ter prendido e desterrado outros que apoiaram os conservadores.

O presidente eleito, Benito Juárez, que comandou a resistência e havia dirigido as tropas republicanas a partir do norte do país, passou por Querétaro em seu caminho para a capital especialmente para ver o cadáver de Maximiliano. Dias depois, a imperatriz Carlota Amália embarcava para a Europa com o cadáver embalsamado de seu marido. O período seguinte foi intenso para Juárez. Ele procurou restabelecer a ordem e a autoridade. Indicou ministros, entre os quais Sebastián Lerdo de Tejada, destacada figura desse período, para a pasta de *Relaciones y Gobernación*. Uma de suas primeiras medidas foi reduzir o exército republicano de oitenta mil homens para aproximadamente vinte mil, organizando-o em cinco divisões, cabendo a Porfírio Díaz o comando da divisão do Oriente.

A imprensa liberal, em especial os periódicos *El Siglo XIX* e *El Monitor Republicano*, exigia reformas radicais na Constituição, na educação e no Exército, além de novas eleições. Outro tema muito debatido era a reforma agrária. Nesse mesmo ano, o médico Gabino Barreda proferiu o discurso intitulado "Oração Cívica", considerado a primeira manifestação do positivismo no México. O discurso impressionou Juárez, que nomeou Barreda ministro da Educação Pública. Posteriormente, o médico foi um dos fundadores e primeiro diretor da Escola Nacional Preparatória. Em 22 de setembro, ocorreram as eleições que confirmaram Juárez como presidente, além de eleger uma Câmara de Deputados formada por adoradores do positivismo. Nos próximos trinta anos, o México seria dominado por uma elite composta de letrados[1] e soldados, fenômeno que se repetiria em outras partes da América Latina.

Pode-se traçar um perfil social desse grupo de letrados. Eram em geral da classe média, provenientes do meio urbano e figuras de projeção nacional. Formados nas melhores escolas, tinham em média 45 anos. Eram juristas, médicos, advogados e jornalistas. Destacavam-se pela capacidade oratória, que exerceram nas tribunas parlamentares, nas cátedras, na literatura, na

---

[1] Entre os letrados mais destacados podemos citar, além do próprio Benito Juárez, Sebastián Lerdo de Tejada, José Maria Iglesias, José Maria Lafragua, José Maria Castillo Velasco, José Maria Vigil, José Maria Mata, Juan José Baz, Manuel Payno, Guillermo Prieto, Ignacio Ramírez, Ignacio Luis Vallarta, Francisco Zarco, Ignacio Manuel Altamirano, Antonio Martinez de Castro, Ezequiel Montes, Matias Romero e Gabino Barreda.

imprensa, ou por meio de livros. Alguns escreveram romances (Payno e Altamirano), peças teatrais, livros de história (Iglesias, Prieto, Altamirano, Vigil e Ramirez) e até poesia. Em sua maioria, começaram a vida pública como professores.

Os militares não eram tão conhecidos, com exceção de Porfírio Díaz, Manuel González e Vicente Riva Palácio. Eram provenientes do norte, socialmente advinham de famílias mais humildes, possuíam uma educação precária e criação rústica. A exceção foi Vicente Riva Palácio.[2] Faziam parte de uma geração mais jovem que a dos letrados, tinham em média 36 anos; portanto, pertenciam à geração de Porfírio Díaz. Entraram para o Exército durante a guerra com os Estados Unidos ou durante as revoltas liberais da década seguinte, eram profissionais das armas e, por isso, lutaram tanto contra liberais quanto contra conservadores.

Enquanto os militares combatiam nas várias revoltas e nas disputas entre liberais e conservadores, os letrados atuavam na imprensa e em cargos públicos. Todos tiveram importante participação na Constituinte de 1857. Com a intervenção francesa, os letrados desiludiram-se e muitos fugiram para os Estados Unidos. Já os militares permaneceram e lutaram contra os invasores. Após a expulsão dos franceses e a restauração da República, a reconstrução ficou nas mãos dos letrados, enquanto os militares ficaram com uma parcela menor do butim político, o que foi motivo de ressentimentos. Alguns militares, no máximo, conseguiram eleger-se deputados, comandantes militares e governadores. Apenas Ignácio Mejía foi nacionalmente poderoso,

---

[2] Nascido em 1832, Vicente Riva Palácio foi uma das figuras emblemáticas da história mexicana no século XIX. Formou-se em Direito, mas, durante a intervenção francesa, iniciou sua atuação como militar e recebeu a patente de general. Posteriormente, foi nomeado governador do Estado do México e, em seguida, de Michoacán. Em paralelo à sua atuação como militar, editou jornais, escreveu peças teatrais, romances, contos e poesias. Foi também historiador e editor. Foi um dos responsáveis pela edição de *México através de los siglos*, obra de caráter enciclopédico sobre a história mexicana, publicada em 1880.

como ministro da Guerra, nos governos de Juárez e Sebastián Lerdo de Tejada. Ambos os grupos, de militares e de letrados, eram católicos. A apostasia[3] atribuída pelos conservadores aos liberais era apenas uma ficção. Os liberais eram anticlericais e a favor da separação entre Igreja e Estado. Seriam presidentes, secretários de Estado, legisladores e juízes da Suprema Corte, que tentaram implantar um programa liberal. Nem os militares nem os conservadores participaram diretamente desse processo, limitando-se a opinar. Na República Restaurada, esses papéis se inverteriam.

O programa liberal, em traços gerais, propunha uma nova ordem política mediante a efetiva aplicação da Constituição de 1857. Seus objetivos eram a pacificação do país por meio da debilitação dos profissionais da violência – os militares –, o fortalecimento da Fazenda Pública e da democracia. Na ordem social, buscava estimular a imigração de europeus, favorecer o minifúndio e os pequenos proprietários rurais, a liberdade de associação e o surgimento de uma classe média. No tocante à questão racial, era favorável à incorporação dos indígenas por meio de sua assimilação na sociedade mexicana. Na esfera econômica, suas metas eram construir estradas, atrair o capital estrangeiro, introduzir novos métodos agrícolas, desenvolver as manufaturas e converter o México numa ponte entre a Europa e o Oriente, ou seja, resumidamente, promover o desenvolvimento econômico do país. No âmbito cultural, professava a liberdade de credo e de imprensa, o estímulo à educação, bem como a nacionalização das letras e das artes.

Segundo Luis González, para os liberais o passado deveria ser removido radicalmente a fim de fazer o país avançar para o futuro. Entre outras coisas, era necessária a transculturação do indígena. Segundo o autor, é possível sintetizar os objetivos do programa liberal em três ideias básicas: "Catolicismo com viés

[3] Apostasia é a separação ou deserção do corpo constituído ao qual se pertence; o abandono da fé de uma Igreja ou o abandono do estado religioso ou sacerdotal.

protestante, desclerizado, apolítico, para o uso doméstico; liberalismo sem libertinagem para a vida pública, e ciência, cimento do progresso material, para o trabalho" (González, 1988, p.913).

A realidade que vingou, porém, foi reacionária. Contra a democracia, pesava a indiferença das elites e da grande massa da população, que pouco usufruía dela. Apenas uma minoria conhecia e queria a Constituição de 1857. Contra a pacificação, conspiravam três costumes: a ambição política dos militares; o modo de vida de quem dependia da guerra e da bandidagem, e a pretensão de autonomia das tribos e comunidades locais. Ou seja, existia no México uma tradição de violência difícil de resolver. A imigração europeia não vingou, pois o país não era atraente ao europeu, que preferia os Estados Unidos. Não se chegou à divisão dos latifúndios e o desenvolvimento dos transportes não ocorreu devido à falta de recursos e às dificuldades geográficas do país. Os liberais no poder não conseguiram atrair o capital estrangeiro; o catolicismo continuou enraizado no mexicano, a educação não avançou nem se conquistou o almejado nacionalismo nas letras.

A Igreja sofreu um duro golpe com a "Lei Lerdo". Promulgada por Miguel Lerdo de Tejada, essa lei exigia que a Igreja vendesse todas as suas propriedades. Também proibia a compra de novas propriedades no futuro. A lei atingiu os bens das corporações civis, o que afetou particularmente as terras das comunidades indígenas, os *ejidos*, e tinha como objetivo tornar o México um país de pequenos e médios proprietários. O declínio do poder da Igreja, do Exército e dos caciques não levou aos objetivos desejados, mas a uma maior concentração das terras nas mãos dos *hacendados* ricos; o Exército não garantia a estabilidade política e consumia muito dinheiro; o país continuou fragmentado e a classe média não aumentou. A democracia não funcionou a contento. Dos 112 meses que a República Restaurada durou, em 49 deles as garantias individuais foram suspensas. Entretanto, a liberdade de imprensa funcionou, e o debate verbal chegou a alcançar níveis nunca antes atingidos. Ocorreram sedições e motins comandados pelos antigos heróis militares em quase todas as regiões do país, assim como diversas rebeliões das populações indígenas contra a perda de terras comunais – ou seja, a pacificação do país caminhava muito lentamente.

No tocante à reforma administrativa, houve avanços tanto no mundo dos militares como na Fazenda. Conseguiu-se uma diminuição da dívida externa e melhoras no orçamento. O mesmo não se pode dizer com relação à criação de minifúndios, à eliminação da *peonaje*, da servidão por dívidas ou dos maus-tratos aos trabalhadores rurais. A organização dos trabalhadores urbanos teve melhor sorte: surgiram associações com ideais mistos de liberalismo e socialismo e aconteceram as primeiras greves.

Houve um grande esforço para estender o telégrafo e expandir as estradas. Foi nessa fase que a primeira estrada de ferro ligando a Cidade do México a Veracruz foi inaugurada, em 1873. O progresso da agricultura capitalista, da mineração e das manufaturas ocorreu a passos lentos, assim como os investimentos estrangeiros. Os maiores êxitos da República Restaurada foram no tocante ao desenvolvimento da cultura laica e da liberdade de expressão na imprensa. Houve alguns avanços na educação primária, embora o anseio de um México dotado de uma unidade cultural não ter sido atingido, principalmente no que diz respeito aos indígenas, que, na sua maioria, continuavam isolados.

Do ponto de vista de sua implantação, as realizações da República Restaurada foram proveitosas. Consideradas pelo prisma das metas a que se propôs, deixam muito a desejar. As guerras civis e de expulsão dos franceses acarretaram caos econômico, em especial na mineração e nas fazendas, deixaram um tesouro vazio e espantaram os investimentos externos. A República deixou como legado um Estado mexicano constituído por um Exército superdimensionado e uma burocracia enfraquecida.

As estratégias políticas de Juárez abrangiam maior centralização política, aumento das liberdades democráticas e expansão da burocracia do Estado. Mas, apesar da desmobilização e do antimilitarismo, acabou ocorrendo um aumento da influência do Exército, devido à necessidade de sua presença para conter as revoltas locais.

Juárez anistiou os conservadores e até mesmo membros da Igreja. Esta última, a grande derrotada nos anos anteriores, começou uma lenta recuperação sob a batuta de Juárez. A tentativa de conciliação funcionou com setores da elite e da classe média, mas desagradou aos camponeses, o que só serviu para aumentar a agitação política. O governo não conseguiu diminuir a tensão com uma tímida reforma agrária, assim como não acabou com a servidão por dívida. Durante o governo de Juárez, ocorreram vários levantes de camponeses contra o aumento dos impostos e a expropriação das terras comunais. Se compararmos com o ocorrido no período colonial, quando as rebeliões eram locais e limitadas a uma aldeia, ou voltadas a questões particulares, na República Restaurada as rebeliões tornaram-se mais radicais e com raio de ação mais amplo, envolvendo principalmente a região do México Central, e agora motivadas pelo aumento dos impostos e pela apropriação das terras comunais. Simultaneamente, crescia o banditismo.[4]

O porfiriato

Os liberais, que lutaram contra os conservadores e posteriormente contra a invasão francesa, denominaram essa fase de "segunda guerra da independência". Foi de fato o último confronto entre as velhas classes dominantes, ainda originárias do período colonial, e as novas forças políticas e econômicas que caracterizariam o México no último quarto do século XIX. O Exército formado a partir de 1810 desapareceu, e a Igreja teve sua espinha dorsal enfraquecida para dar passagem à nova fração de classe que ascendia ao poder político e econômico. No âmbito externo, os Estados Unidos, que já tinham expandido seu território até o Pacífico com a compra de territórios e de uma

[4] Ver o excelente trabalho sobre o banditismo no México no livro de Lopes (1995).

guerra de agressão, inauguram uma nova fase de penetração econômica e se voltam para a América Latina. Em muitos países do continente, os dirigentes surgidos nesse momento passam a representar os interesses dos grandes latifundiários e de uma burguesia comercial, favorável ao desenvolvimento de um capitalismo dependente. Esses líderes trabalham para reprimir todo tipo de manifestação política ou movimentos sociais capazes de prejudicar os grandes investimentos estrangeiros ou nacionais. Em vários Estados latino-americanos surgem regimes oligárquicos com líderes reformadores que iniciaram sua carreira como caudilhos populares e terminam como ditadores personalistas. Foi esse o caso de Porfírio Díaz, no México.

No caso mexicano, o governo de Porfírio Díaz (1876-1911), de perfil oligárquico, estabilizou a economia e a política no último quarto do século XIX, depois de meio século de instabilidade após a independência. Seu regime foi responsável pela centralização política e econômica do país. O Estado oligárquico foi muito importante para o México, pois propiciou a unificação nacional e a centralização política. Seu governo foi responsável pela colonização de terras baldias, melhorou as comunicações e os transportes, realizou mais obras públicas e as cidades foram objeto de reformas urbanísticas. Em paralelo, setores importantes da sociedade, como a população trabalhadora e os camponeses, foram reprimidos em nome do progresso. Abriu-se definitivamente o país ao capital estrangeiro, em especial norte-americano, o que levou à integração da economia mexicana no mercado externo. Nesse sentido, as indústrias extrativistas se converteram em campo privilegiado para o investimento estrangeiro, o que exigiu a construção de ferrovias. Por sua vez, estas foram responsáveis pela penetração do capitalismo no país. Durante o regime porfirista, dinamizou-se o processo de uma civilização urbana com o aumento no número dos trabalhadores urbanos e da classe média intelectual. Foram esses fenômenos que entraram em conflito com as formas locais da vida social e levaram à eclosão da Revolução Mexicana. Mas vejamos com mais detalhes esse período da história do México.

Porfirio Díaz era considerado um homem rústico, sem educação. Muitos alegavam que não sabia falar nem se vestir. Nasceu numa casa pobre do estado de Oaxaca, em 15 de setembro de 1830. Aprendeu carpintaria e sapataria e, aos treze anos, foi para um seminário católico. Foi também bibliotecário, estudante de Direito e professor, embora não cultivasse o gosto pela leitura e tivesse profundo desprezo pelos letrados.

Ingressou nas armas para lutar contra os norte-americanos em 1846, foi rebelde entre 1854 e 1855, quando se tornou capitão, e lutou contra os conservadores durante as guerras da Reforma. Foi deputado e novamente voltou às armas com a invasão francesa. Seus principais feitos militares ocorreram entre 1862 e 1867, quando tinha entre 31 e 36 anos, durante as lutas contra os franceses. O ponto culminante de sua carreira militar foi a retomada de Puebla, no dia 2 de abril, até então ocupada pelos franceses, o que fez dele um herói nacional.

Em 1867, foi candidato à Presidência da República e a governador de Oaxaca, mas obteve apenas um mandato como deputado. Em 1871, disputou novamente a Presidência da República, mas perdeu e tentou liderar uma rebelião no ano seguinte. Essa revolta teve como foco central seu estado natal, Oaxaca, e contou com o apoio de seu irmão, Félix Díaz, além do general Geronimo Treviño, comandante de tropas em estados do norte do país, como Nuevo Leon, Durango, Sinaloa e Zacatecas. Essa primeira tentativa foi rapidamente debelada, primeiro por Benito Juárez e depois, com a morte deste, por Sebastián Lerdo de Tejada, que assumiu a Presidência e convocou eleições, das quais saiu vitorioso, em 1872. Tejada tentou manter o programa juarista, ou seja, procurou fortalecer o Estado, centralizando ainda mais o poder com medidas como a criação do Senado e o aumento do poder do Executivo. Mas descontentou a Igreja com um recrudescimento das leis reformistas, a desapropriação das propriedades eclesiásticas remanescentes e a expulsão dos jesuítas do país. Teve uma atuação ambígua com relação à elite vinculada aos interesses estrangeiros, em especial àqueles setores ligados a empresas ferroviárias norte-americanas. Conseguiu reeleger-se em 1876, mas contou com a forte oposição dos que viram em Porfírio Díaz um caminho para tomar o poder.

Em sua segunda tentativa de golpe, Porfírio Díaz saiu-se vitorioso. Lançou o Plano de Tuxtepec, em que pregava a não reeleição. Esse plano foi levado adiante pelo comandante militar de Oaxaca e tinha como alvo principal a tentativa de reeleição de Tejada. Este, quase sem apoio político, viu suas tropas serem facilmente derrotadas pelas de Díaz. Por fim, renunciou e fugiu. Ainda restava um obstáculo: o presidente da Suprema Corte de Justiça, o advogado José Maria Iglesias, que era o próximo na linha de sucessão. Este procurou encastelar-se em Guanajuato, mas suas forças foram também facilmente debeladas e só lhe restou renunciar.

O programa porfirista era baseado em três propostas: pacificação e ordem; depois, progresso econômico; por último, a política, se possível. No seu primeiro mandato, sem grandes feitos, desapontou seus adeptos. Mas conseguiu eleger seu amigo Manuel González para o período seguinte, de 1880 a 1884. González fez um bom trabalho na primeira metade da sua administração, mas a segunda foi desastrosa, marcada por rebeliões populares e perda de prestígio. O governo de González foi visto como corrupto e inepto, e essa imagem negativa foi agravada pela crise econômica de 1884, favorecendo a volta de Díaz.

Díaz elegeu-se para o período seguinte com uma esposa jovem e educada nos Estados Unidos, com a aparência de uma rainha, segundo os contemporâneos. Neste seu segundo mandato, acabou com os *cacicazos* – que não tinham sido eliminados nem por ele, no primeiro governo, nem por González, que ajudara a eleger – e reprimiu as tentativas de sublevações militares, além de combater as rebeliões ou revoltas de índoles políticas ou sociais, tais como as dos indígenas (apaches, yaquis, maias e outros) e as dos camponeses. Com a volta dos pagamentos da dívida externa, restabeleceu as relações com os Estados Unidos. Com isso, a situação financeira do país melhorou. Para evitar as relações "monogâmicas" com o vizinho do norte, para muitos um dos grandes problemas do país, Díaz procurou uma aproximação também com a Europa. Neste segundo mandato, foram colocados em prática vários códigos legais – civil, penal, de mineração e comércio –, substituindo antigas leis espanholas que vigoravam desde o período colonial.

Aumentou as concessões para os investidores estrangeiros, com benefícios para os construtores de estradas de ferro, oferecendo-lhes em contrapartida terras consideradas públicas, mas que eram cultivadas há anos por pequenos proprietários e comunidades indígenas, que não conseguiam apresentar títulos de posse. Revogou a lei segundo a qual o subsolo era do Estado, favorecendo os donos de minas e novos investidores.

A comparação da situação econômica do país em 1877 com a de 1888, ou seja, após mais ou menos dez anos de porfirismo, revela-se esclarecedora. O progresso econômico, segundo a visão oficial do período, seria resultado de quatro pontos: a ordem e a pacificação do país; a riqueza natural do país; a presença de imigrantes; e o investimento de capital estrangeiro. A produção de alimentos cresceu de acordo com o incremento da população, e o mesmo se aplica à produção pecuária. Foi um pouco melhor na mineração e na manufatura e bem melhor no comércio, em especial o voltado para a exportação, partindo de 40 mil pesos em 1877 para 76 mil em 1888. Um setor de grande desenvolvimento foi a construção de estradas de ferro, que pulou de 640 km para 80 mil km em 1888, além das redes de comunicações, como estradas e linhas telegráficas. No setor das finanças, houve o surgimento de diversos bancos e instituições financeiras.

Díaz adotou na economia o princípio liberal do *laissez-faire*. De início, permitiu a livre associação dos trabalhadores e até incentivou a criação de organizações trabalhistas, como o Congresso Operário, embora as mantivesse sob o controle do governo. As greves e disputas entre operários e patrões, entretanto, sempre acabavam pendendo para os últimos. Na realidade, as condições do trabalhador eram muito díspares. Em alguns setores, como na indústria petrolífera, elas até melhoraram com a construção de moradias, escolas e inclusive o estabelecimento de um rudimentar sistema de saúde, embora as empresas exigissem obediência inconteste. Na indústria têxtil, a situação era muito pior, com trabalhadores que não recebiam em dinheiro, mas em vales, e tinham de comprar nos armazéns da companhia. Até a virada do século, greves e protestos eram raros.

Díaz aceitou as atividades da Igreja Católica, que se expandiram durante seu governo. No mesmo sentido, estabeleceu uma política de conciliação com os grupos políticos derrotados, os lerdistas e os conservadores. O Congresso e a imprensa, no entanto, foram menos livres que no período anterior. A partir de seu segundo mandato, em 1884, Díaz praticamente impediu a eleição de integrantes da oposição para o Congresso. Com esse controle do Legislativo, abriu espaço para mudanças constitucionais a seu favor, como a aprovação da reeleição, ocorrida em 1888, e a ampliação do mandato de quatro para seis anos, em 1892.

Díaz incentivou atividades públicas e de diversão popular, como touradas e festas regionais, além de criar um verdadeiro calendário de datas cívicas. Criou a comemoração do dia 5 de fevereiro, dia da Constituição; de 5 de maio, dia da vitória sobre os franceses; e de 2 de abril, dia da sua vitória sobre os lerdistas. Ampliou a rede de educação pública, embora esta ainda continuasse circunscrita à classe média urbana.

Resumindo, poder-se-ia dizer que nascia um país diferente: no campo político, Díaz criou uma espécie de monarquia republicana, um regime da ordem e da paz; no campo econômico, iniciou a construção de um mercado nacional com um parque fabril destinado ao consumo interno, a mineração de metais industriais e o favorecimento de investimentos estrangeiros.

A virada de 1887 para 1888 marcou o fortalecimento de Porfírio Díaz e o início da fase áurea de seu regime. Esse período ficou conhecido como a época da *Pax Porfiriana*, assinalando a mudança de uma geração no poder. Aos poucos, Díaz tirou os militares do governo e aproximou-se da geração mais jovem, urbana, atraindo para a administração do Estado os chamados "científicos". Essa burocracia tecnocrata tinha sua origem numa classe média nascida entre 1840 e 1856 e seus membros tinham entre 30 e 40 anos. Esse grupo, que não passava de cinquenta pessoas ao todo, tornou-se rapidamente a elite governamental, ou o núcleo forte do poder, entre 1888 e 1904. Se agregarmos a ele um par de bispos, poetas e um pintor (José Maria Velasco), pode-se considerá-lo a elite cultural do país.

Os principais membros dentre esses científicos formavam um "bloco biográfico". Eram oriundos do meio urbano e ignoravam a vida "rancheira e *pueblerina*" do campo; possuíam formação acadêmica e eram advogados, médicos e engenheiros. Formavam uma equipe de bacharéis, tribunos, professores, poetas e jornalistas; alguns foram historiadores, tais como Justo Sierra, Francisco Bulnes, Emilio Rabasa e Alfredo Chavero. Representavam ainda o enlace entre o governo e o capital externo, pois vários deles enriqueceram com sua atuação no governo. Tendiam para o conservadorismo, a oligarquia, a tecnocracia e eram em geral positivistas; admiravam mais a França que os Estados Unidos como modelo.

Díaz soube, porém, limitar o poder desse grupo. Dividir para manipular era a estratégia porfirista, tanto para os científicos como para outros grupos, a exemplo dos jacobinos liberais, os conservadores, os militares e os mais jovens da oposição. A partir de 1888, emergiu um governo personalista com o lema "pouca política e muita administração".

Com a aprovação tácita da opinião pública, Díaz reuniu em sua pessoa o poder nacional e local, e os governadores tornaram-se "vice-reis". Díaz praticamente silenciou a oposição parlamentar. Reduziu ao mínimo o debate de índole política na imprensa do país e, no começo do seu terceiro período de governo, já era um especialista na arte de comandar e se impor. Era um insuperável defensor da autoridade. Foi um "presidente--imperador". Nesse período, a centralização política tornou-se uma realidade. Foi a ditadura mais longa no México, desde sua independência. O presidente converteu-se no "Caudilho Indispensável" e no "General Necessário".

A estabilidade do gabinete era assombrosa: alguns de seus ministros (ou secretários, como são chamados no México) chegaram a durar vinte anos em suas pastas. A imobilidade dos funcionários foi ainda mais clara nos governos estaduais. Quase sempre, os governadores, chamados ironicamente de "vice-reis", deixavam seus postos apenas quando morriam. O Congresso converteu-se, nas palavras da imprensa de oposição da época, num "hospital de inválidos ou depósito de oficiais, uma espécie de museu de história natural, com um exemplar de cada espécie", enquanto o Senado se tornou, com o passar do tempo, um "asilo para governadores e generais senis".

A censura à imprensa recrudesceu e o quarto poder tornou-se mais escravo que uma entidade livre. Enquanto isso, a política externa gerou poucos acontecimentos relevantes: apenas a discussão com a Guatemala e a Inglaterra, a respeito de Belize, e a questão da fronteira com os Estados Unidos ao longo do rio Bravo.

O Exército passou por uma relativa reorganização, tornou-se bem vestido, alimentado e armado. Começou a realizar bonitos desfiles e manobras e perdeu a fama de brutal. Foi considerado um Exército de paz, mas mantinha a tradição de recrutar seus oficiais entre as famílias "decentes" e as tropas, por meio da força, entre a população pobre. Díaz não titubeava em controlar o Exército com repressão e cooptação e criou ou incentivou forças paramilitares, como os *rurales*.[5] Com a Igreja, houve a conjugação de reconciliação e cooptação com vistas grossas.

Tanto para as classes dominantes e médias como para os camponeses, o governo Díaz representou perda de poder. Porém, para as duas primeiras, houve ganhos econômicos, enquanto para os camponeses nem isso ocorreu. Estes perderam a autonomia local de comunidades, aldeias, vilas, cidades e

---

[5] Os *rurales* eram uma polícia rural surgida durante o governo de Benito Juárez, na década de 1860, para perseguir e aprisionar bandidos e tornou-se um símbolo do período porfirista. Os primeiros grupos foram compostos por camponeses e artesãos, além de alguns ex-guerrilheiros e ex-bandidos. Suas atividades básicas eram guardar as grandes propriedades rurais e as linhas férreas, transportar prisioneiros, vigiar as eleições, prender prisioneiros e sufocar as revoltas no campo.

colônias militares do norte. As finanças foram organizadas sob as ordens do ministro das Finanças, Don José Ives Limantour, e assim foram pagas ou renegociadas as dívidas com os Estados Unidos e os países europeus. Para muitos analistas, foi um período apolítico e burocrático.

A consolidação da ditadura baseou-se em dois processos: a estabilidade interna – a chamada *Pax Porfiriana* – e a emergência de um Estado eficiente e poderoso. A pacificação passou pela repressão e a cooptação, com a troca dos caciques locais por homens de confiança de Díaz e seu posterior enriquecimento (tanto os de dentro como os de fora do governo). Porfírio Díaz proibiu a existência de partidos políticos de oposição, como o ligado aos científicos, e procurou dividir os grupos políticos, mesmo os que o apoiavam. Surgiram assim entre os que o apoiavam a facção civil, com Manuel Romero Rubio e depois José Ives Limantour (científicos), e a facção militar, liderada por Manuel González e, depois, Bernardo Reyes.

O desenvolvimento econômico foi a principal marca do governo da segunda etapa do porfiriato. Cabe um rápido balanço da economia mexicana naquele momento. Se bem que a agricultura para o mercado interno não tenha prosperado em seu conjunto, a voltada para a exportação, situada em melhores terras, teve um grande crescimento com as culturas de café, *chicle*[6] e sisal (*henequén*). A pecuária conheceu módicos progressos no norte, mas continuou sendo extensiva, prosperando um pouco mais a partir de 1902, com investimentos norte-americanos. A mineração aumentou de ritmo, crescendo a uma taxa de 6% ao ano, com a produção de metais preciosos (prata e ouro) e outros minerais destinados à indústria, como cobre (segundo produtor mundial, em 1901), chumbo, antimônio e zinco. A

[6] O *chicle*, ou chiclete, designa a seiva retirada da árvore *Sapota zapotilla*, conhecida no Brasil como sapoti, originário das Américas Central e do Sul. Sua produção comercial começou por volta de 1870, quando o americano Thomas Adams Jr. passou a vendê-la como goma de mascar misturada com alcaçuz e licor, tornando-se rapidamente uma moda.

manufatura também acelerou o ritmo de crescimento em três setores mais dinâmicos: açúcar, têxteis e tabaco. No período do apogeu econômico do porfiriato, acelerou-se a incorporação dos mercados locais ao nacional e deste ao mundial.

As exportações cresceram em volume, valor e variedade, a taxas de 8% ao ano, e atingiram superávit da balança comercial em torno de 25 milhões de pesos anuais. Eram exportados principalmente os minerais e produtos agrícolas (café e sisal). Os Estados Unidos eram o principal comprador, seguidos de Grã-Bretanha, França, Alemanha e Espanha. A obsessão ferroviária continuou, assim como a expansão da rede de telégrafos, correios e obras portuárias. Todos esses avanços foram possíveis graças aos investimentos estrangeiros, que encontraram uma opinião pública favorável ao seu ingresso no país.

O México desse momento estava dividido entre o mundo rural e o urbano. No campo, os antigos donos de *haciendas* eram ricos apenas no nome, enquanto os novos, de mentalidade capitalista – como os Terraza, no norte; os García Pimentel, em Morelos; os Madero, em Coahuila –, foram os que criaram as *haciendas* produtivas e lucrativas e, assim, rapidamente enriqueceram. Os rancheiros, arrendatários e pequenos proprietários também caminhavam para o modo de produção capitalista. Não tinham maiores problemas, afora conflitos contra outros rancheiros e companhias de demarcação de terras. Enquanto isso, os *pueblos* indígenas estavam preocupados em perder suas terras para o governo, para os latifundiários e para as companhias de demarcação de terras, e ficavam à mercê das tropas federais. Viviam pobres e de quando em quando se levantavam em armas. Outra categoria de trabalhadores rurais eram os *peones*, que podiam ser *acasillados* ou livres (*de tarea*). Os *peones acasillados* eram pagos por dia em vales a serem trocados nas *tiendas de raya*, conseguindo apenas o indispensável para comer e vestir, moravam permanentemente na fazenda e recebiam um lote de terra para agricultura ou criação de pequenos animais, o que eventualmente lhes permitia melhorar a condição de vida. Os livres invejavam os *acasillados*, pois não tinham qualquer garantia. Eram trabalhadores eventuais, em geral camponeses que residiam em aldeias próximas e recebiam um pequeno salário. Os *peones* livres das *haciendas* do norte frequentemente iam para os Estados Unidos atrás de trabalho, enquanto os do centro iam para fábricas locais quando ficavam desempregados. Havia ainda os jornaleiros, que, conforme a região, eram chamados de *gananes* ou *braceros*. Eram forçados a trabalhar de sol a sol e às vezes eram presos ou sujeitos à servidão por dívidas.

No âmbito urbano, os operários e trabalhadores eram muito sacrificados. Os patrões os viam como preguiçosos, dados ao ócio, à luxúria e à bebida. Imbuídos dessas ideias, consideravam-se benfeitores por oferecer trabalho e disciplina. Os trabalhadores, por sua parte, trataram de se organizar em sindicatos, cooperativas e associações e recorriam às greves para suas reivindicações, como as de 1892, 1895, 1898 e 1900, contra baixos salários e maus-tratos. Ainda na cidade, mas em posição superior, havia uma burguesia industrial, comercial e de serviços. Essa elite econômica em geral se situava na capital e em mais seis grandes cidades: Guadalajara, Puebla, Querétaro, Monterrey, Guanajuato e San Luis Potosí. Em grande parte formada por estrangeiros, era pouco numerosa e com um espírito voltado para o lucro rápido e não muito custoso. Era uma burguesia egoísta e ostentosa.

A população aumentou de 10 milhões para 15 milhões, principalmente pelo crescimento natural, uma vez que a imigração europeia praticamente não cresceu, pois os europeus preferiam rumar para os Estados Unidos.

O crescimento econômico voltou-se à exportação, com o desenvolvimento das estradas de ferro. Atividades como a mineração, a agricultura, a pecuária, a indústria extrativista e demais indústrias foram estimuladas principalmente pela entrada maciça do capital norte-americano. Os setores mais importantes da economia estavam na mão de estrangeiros, com exceção da agricultura. As concessões mexicanas aos europeus, a princípio, não se chocavam com as dos norte-americanos, mais interessados no norte, enquanto ingleses, franceses e alemães preferiam o centro e o sul. Estes se dedicavam principalmente às finanças, à indústria têxtil e de armamentos, e os norte-americanos se voltavam mais para estradas de ferro, mineração, indústria do petróleo e pecuária.

Se o desenvolvimento econômico na gestão Díaz foi de 8% ao ano em média, também produziu grandes disparidades. As desigualdades regionais no cenário mexicano eram flagrantes no sul e sudeste do país, onde as atividades produtivas baseavam-se em um ou dois produtos de agricultura de exportação, com pouca diversificação. Os principais eram o sisal, em Yucatán, a borracha e o café, em Chiapas e Tabasco, em geral, em *haciendas* de propriedade de estrangeiros. No norte, a economia desenvolveu-se rapidamente, quase toda voltada para os Estados Unidos. Nessa região, a economia era mais diversificada e com mais investimentos estrangeiros, exportando principalmente minérios, cobre, estanho, prata e produtos agrícolas, como grão-de-bico, além de gado e madeira. Para o mercado interno, produzia-se principalmente algodão, na região de La Laguna (entre os estados de Coahuila e Durango). A região norte teve um surto de desenvolvimento industrial, principalmente em Monterrey, onde surgiram siderúrgicas, fundições e indústrias de processamento de alimentos. Na região do México Central, as mudanças foram menores. Em Morelos, ainda prevaleciam as grandes fazendas de milho, trigo e cana-de-açúcar. Mas houve um forte desenvolvimento industrial do Vale do México, em Puebla e Veracruz.

Foi durante o governo de Díaz que ocorreu a domesticação da fronteira setentrional, mais especificamente os estados de Sonora, Chihuahua, Nuevo Leon e Durango, tanto com a subjugação dos apaches e dos yaquis (dos quais falaremos mais adiante) como por meio de uma política de imigração em massa de norte-americanos e de mexicanos do sul, atraídos pelos investimentos de empresas de mineração, pecuária, agricultura e transportes. Tais elementos eram provenientes de uma composição social e econômica diversificada, mas essencialmente urbana. No início do século XX, o norte era uma das regiões mais modernas e dinâmicas do capitalismo mexicano, tanto em termos econômicos como sociais. Assim, surgiu uma sociedade em que o índice de analfabetismo era menor que no sul, as relações sociais eram mais capitalistas que tradicionais, a *peonaje* perdeu espaço, as mobilidades geográfica e social davam a tônica, e as novas relações sociais entre meeiros, parceiros, vaqueiros e fazendeiros progressistas eram intensas e frequentemente conflitantes. Era nessa região que se encontrava a maior violência social e política durante todo o período porfiriano. Em muitos sentidos, a tensão e o conflito se davam entre aqueles que podiam ser chamados de o setor moderno da sociedade e os elementos tradicionais da sociedade.

Entretanto, as estruturas tradicionais coexistiram com as capitalistas ou modernas. A nova *hacienda* capitalista não desalojou completamente a antiga *hacienda* patriarcal. Porém, tudo favorecia os grandes proprietários, como a nova legislação sobre terrenos baldios e as empresas de demarcação desses terrenos. O regime porfirista favoreceu tais empresas ao conceder o direito a uma porcentagem das terras que demarcassem como federais ou baldias. Como muitos proprietários, comunidades aldeãs ou pequenos proprietários não possuíam a documentação legal das terras, tornaram-se alvos fáceis para as empresas de demarcação. As companhias de construção de estradas de ferro foram outro grupo favorecido. Recebiam o direito pelas terras às margens da ferrovia, o que as tornava grandes proprietárias.

A contradição e as difíceis relações entre as duas sociedades que conviviam na realidade do México – de um lado, um Estado moderno, surgido das reformas liberais e aprofundado pelo regime de Porfírio Díaz; de outro, uma sociedade tradicional vinculada aos *pueblos*[7], camponeses e grupos indígenas – foi uma das causas da Revolução Mexicana.

---

[7] *Pueblo:* a tradução literal de *pueblo* seria vila ou aldeia. No caso mexicano, esse termo é mais complexo e remete a uma mistura de características das propriedades comunais das populações nativas americanas, em que algumas delas remontariam à estrutura de organização populacional do período pré-colonial e a alguns traços dos *pueblos* espanhóis.

Um dos exemplos mais simbólicos dos setores tradicionais são os yaquis. Como estes não aceitavam pacificamente a perda de suas terras, estabeleceram uma estratégia de resistência. O governo de Díaz iniciou uma campanha de repressão e deportação dos yaquis para a península de Yucatán (estado no extremo sul do México), no início do século XX. Essa política de imigração forçada foi a fórmula encontrada para subjugar a resistência tenaz que essa nação opunha ao projeto porfirista de centralização e inserção das comunidades indígenas na estrutura de propriedade individual da terra. Para compreender melhor essa situação, cabe uma breve explanação sobre a história singular dessa etnia.

Os yaquis eram originários da parte ocidental do estado de Sonora, e sua trajetória é particular dentro da história mexicana. A postura de resistência desse grupo à assimilação e aculturação à sociedade "ocidental" foi específica. Talvez aqui resida uma das singularidades dessa etnia. Defenderam sua identidade étnica, sua comunidade, seu modo de vida, suas terras e sua cultura por meio de guerras e negociações. Sua resistência permitiu que mantivessem parte de sua autonomia e forma de organização em relação aos governos estadual e federal até a virada do século XIX para o XX. Mas sua particularidade com relação a outros grupos que lutaram pelos mesmos objetivos reside no fato de que os yaquis se integraram à economia mexicana mais ampla, sem com isso perder sua identidade. Seus membros, além de manterem o trabalho nas terras comunais, partiram para o trabalho assalariado nos empreendimentos mineiros que surgiram em várias regiões do norte do México – principalmente em Sonora, como foi o caso da mina de Cananea – e também nos Estados Unidos, no estado do Arizona. Evelyn Hu-DeHart definiu essa postura como uma "característica dual de separatismo, por uma parte, e integração parcial, por outra" (1990, p.135) tendo sido esta a origem da força deste grupo étnico e a chave de sua sobrevivência.

O primeiro contato entre os europeus e os yaquis aconteceu em 1533, mas foram os jesuítas os responsáveis pela "pacificação" das beligerantes tribos das margens férteis do rio Yaqui, por volta de 1610. As várias tribos foram agrupadas em oito vilas, e esses agrupamentos passaram a chamar-se "Ocho Pueblos", definindo a nação yaqui. A ação jesuíta fazia parte do projeto de uma "conquista espiritual" como alternativa à proposta de pacificação pela força. Os indígenas aproximaram-se das missões basicamente pela possibilidade de adquirir alimentos, roupas, instrumentos de metal e presentes. As missões eram organizadas em rígidas disciplinas. Trabalhavam três dias nas terras comunais e os demais dias em suas terras familiares. Outros meios de sustento eram a pecuária e as oficinas de tecelagem e de artesanato.

Evelyn Hu-DeHart afirma que foi essa organização jesuíta que estruturou uma incipiente ideia de nação yaqui, com uma linguagem própria e fronteiras políticas. Essa região foi o centro das preocupações jesuítas na Nova Espanha. Os yaquis eram a maior nação indígena do noroeste, com cerca de trinta mil habitantes, e sob o controle dos jesuítas tornou-se profundamente coesa, produtiva, segura, estável e dócil. Mas isso não foi o suficiente para manter a paz durante o período colonial, uma vez que essa nação esteve envolvida numa rebelião de grandes proporções, por volta de 1740.

Participavam do conflito três grupos: os jesuítas, os espanhóis (representados pela figura do governador da região, que desejava a secularização das missões, interessado na mão de obra, muito valorizada por sua disciplina) e os yaquis. Estes não permaneceram passivos; muito pelo contrário, pareciam não querer nem manter uma lealdade contínua à missão, como era desejo dos jesuítas, nem se incorporar plenamente à sociedade colonial, como queria o governador. A política dos yaquis pode ser definida como de flexibilização, tanto que essa rebelião não se configurou como uma guerra de castas, visando ao aniquilamento da população branca. A revolta era dirigida contra os denominados *vecinos*, população espanhola localizada nas margens das terras dos yaquis e que ameaçava desestruturar suas comunidades pela influência cultural e econômica. Por outro lado, a rebelião se voltava contra a excessiva expropriação do excedente econômico pelos jesuítas.

Se durante a colônia houve apenas uma rebelião, no século XIX elas foram contínuas, integradas somente por yaquis, ou confederadas com outras tribos. Em outras ocasiões, aliaram-se a setores da própria sociedade mexicana independente, ou mesmo a grupos estrangeiros. Estes grupos os atraíam com promessas de terra e autonomia. Cabe esclarecer que, após a rebelião do período colonial, uma grande parcela dos yaquis não retornou para suas terras, preferindo o trabalho nas minas. Mas mesmo os integrados à sociedade mexicana mantinham uma forte ligação com as suas respectivas comunidades.

A partir da rebelião de 1740, os yaquis começaram a afirmar sua independência, graças à sua forma de adaptação à economia colonial. Mesmo após a expulsão dos jesuítas, ou depois da crise econômica pós-independência, conseguiram manter sua identidade individual – ligada a cada um dos oito *pueblos* –, ao mesmo tempo em que crescia um sentido de "*yaquinidad*" comum. Sua estrutura social se manteve numa base igualitária, relacionada ao pequeno excedente que era produzido. Também formaram milícias e desenvolveram uma liderança militar, tornando-se uma sociedade militarista. Solidificaram formas políticas organizativas autônomas, como os governadores dos *pueblos*. Esse processo se deu paralelamente a um declínio da influência da Igreja nas comunidades. Apesar da afirmação de sua autonomia e separação cultural, isso nunca implicou um isolamento total.

Não cabe aqui expor as várias rebeliões do século XIX. O importante é destacar a participação dos yaquis na maioria das lutas políticas que a sociedade mexicana vivenciou. Eles contribuíram para uma certa instabilidade geral no estado de Sonora, aliando-se às diferentes facções políticas do estado ou de fora dele, de acordo com os interesses específicos da comunidade. Respondiam rapidamente a qualquer ameaça externa a sua cultura e suas terras, e sua resistência adotava formas flexíveis e inovadoras. Mesmo após mudanças ocorridas durante todo esse século, a busca de autonomia política e de autossuficiência econômica continuou a ser um objetivo prioritário, e estas eram propostas inaceitáveis para o governo porfirista, cujo projeto tinha como pedra angular a centralização política do país. As relações econômicas, tanto no que diz respeito à propriedade das terras como à mão de obra, também eram importantíssimas. Assim, coube ao governo federal, no final do século XIX, a incumbência de pacificar a região.

A não aceitação das propostas do governo de Porfírio Díaz por essa tribo levou-a a uma nova forma de resistência: a guerrilha. Esta via de luta era facilitada pela dispersão dos seus indivíduos como trabalhadores nas minas, ferrovias, fazendas e cidades, tanto do lado mexicano como dos Estados Unidos, que proporcionavam apoio material e moral. Portanto, a manutenção de um espírito guerreiro foi sua marca registrada. Essa característica levou o governo porfirista a iniciar uma nova política de controle: a deportação em massa da população entre 1902 e 1907. Entretanto, existia uma dificuldade para lidar com eles, devido à facilidade que encontravam em fugir para as montanhas. Por isso, era muito raro encontrar um *peon* yaqui preso por dívida com a fazenda, pois ele se evadia. As famílias também encontravam refúgio nas montanhas, tornando difícil a sua localização e aprisionamento.

A acelerada mudança da estrutura econômica que atingiu o México na segunda metade do século XIX e no começo do XX, com a expansão do capitalismo e a modernização da sociedade, não deixou intactas nem as comunidades indígenas nem os camponeses. Naquele momento, a repressão à resistência de integração de um grupo étnico se deu não mais por elementos locais e tropas regionais, mas pela repressão do governo federal. As tropas que fizeram a captura das famílias e as custodiaram possuíam traços semelhantes aos dos próprios prisioneiros. Eram compostas por yaquis integrados ou indígenas de outras etnias de regiões próximas.

Os confrontos entre esse grupo étnico e o governo central não se limitaram ao campo, mas ocuparam também as cidades mineiras, como foi o caso de Huitemea, líder dos trabalhadores mineiros – vários deles yaquis – em greve na mina de Cananea.

Esta greve, ocorrida em 1906, foi um dos estopins da Revolução e será detalhada mais adiante. O acontecimento feriu os brios nacionalistas dos mexicanos e causou uma grande indignação na opinião pública.

Para a classe camponesa do México central e do sul, o principal problema foi a expropriação da terra, que vinha ocorrendo desde os governos liberais, mas que foi acelerada durante o porfiriato. Para se ter uma ideia, em 1821, 40% das terras para agricultura no centro e no sul pertenciam às aldeias comunais; em 1910, às vésperas da Revolução, apenas 5%. Assim, nessa época, 90% dos camponeses não possuíam terras. Durante o governo Díaz, houve mais incentivos à expropriação das terras comunais, no intuito de maximizar a produção e ao mesmo tempo expulsar os camponeses de suas terras, tentando dessa forma ampliar a mão de obra disponível para trabalhar nas fazendas e nas empresas industriais. Tais objetivos foram atingidos com a especulação, com novas leis e com um maior poder de repressão e força para impor as novas políticas.

Quais foram os maiores beneficiários dessa política? A princípio, os *hacendados* ricos, em detrimento dos peões pobres e sem terra e dos camponeses. Mas percebe-se que, nesse processo, surgiu também uma classe média agrária, os chamados rancheiros. O surgimento de uma classe média no campo contribuiu para a desintegração dos órgãos de resistência – como a administração comunal das aldeias –, e a transformação das relações de clientela tradicionais.

Ocorreram duas situações contraditórias. Enquanto no norte e no centro do país o desenvolvimento da economia impulsionado pelas indústrias e ferrovias e a necessidade de mais trabalhadores para as lavouras comerciais acarretavam uma escassez da mão de obra e o desaparecimento da *peonaje*, no sul, particularmente em Yucatán e Chiapas, a *peonaje* tendeu a manter-se ou a aumentar. Segundo contemporâneos, no final do século XIX e nos primeiros anos do século XX, tais mudanças eram o testemunho de que o país tinha progredido, mas que esse progresso se dera à custa da expropriação dos camponeses e de uma crescente dependência nacional em relação aos capitais estrangeiros.

No auge do porfiriato, ocorreu um renascimento religioso; mas não podemos dizer que o regime de Díaz fosse clerical. Alguns setores da burguesia buscaram o protestantismo, copiando os norte-americanos. A educação oficial era claramente de índole burguesa e voltada para as classes alta e média: nem o Estado nem a Igreja gastaram muito com ela. A cultura também era burguesa e se mantinha restrita às cidades. A sociedade porfiriana manteve-se longe da cultura escrita; apenas 18% da população sabia ler. A imprensa sofria perseguições, prisões, multas e a competição desonesta de jornais "oficiais" como *El Imparcial*, vendido por alguns centavos, o que causou o desaparecimento de alguns periódicos. Apesar disso, a atividade literária e artística foi intensa. Em suma, os últimos anos do século XIX, assim como o início do século XX, foram de prosperidade para as classes dominantes e para a nação mexicana e de empobrecimento para muitos grupos subalternos. Fenômeno idêntico aconteceu em outros países da América Latina e do mundo ocidental. Apesar da crescente tensão social, havia uma relativa ordem e estabilidade política e econômica sob um governo autoritário e personalista.

O começo do século XX no México foi marcado pelo envelhecimento de seus governantes e significou a fase decadente do porfiriato. Díaz havia se tornado emotivo e sentimental. Tinha perdido o talento para o poder Executivo. Passou a desconfiar de seus mais próximos colaboradores. A idade média dos ministros naquele momento era de 70 anos. Os jovens do regime eram sessentões, chamados ironicamente de "Câmara Baixa". Na última década de seu regime, rompeu-se a base da *Pax Porfiriana*, que fora a aliança entre grupos e classes que tradicionalmente se rebelavam desde as primeiras décadas do México independente (o Exército, a elite e a classe média que, em muitos casos, influenciava as classes subalternas). Díaz mostrou-se cada vez menos capaz de manter o consenso entre a classe alta e a média, que se distanciaram e arrastaram consigo as classes subalternas. As mudanças políticas nos âmbitos nacional e regional aumentaram a visibilidade da repressão governamental. As causas políticas, no entanto, não foram as únicas responsáveis pela crise do regime de Díaz. Este enfrentou ainda uma crise econômica. Some-se a isso a sua idade avançada, a luta pela sucessão, além do surgimento de uma consciência nacionalista, principalmente entre os trabalhadores e a classe média. Até mesmo as disputas imperialistas entre os Estados Unidos e países europeus tornaram os últimos dez anos do governo muito tensos.

O México era uma sociedade jovem governada por um punhado de anciãos. As esperanças entre os partidários do porfiriato residiam em três indivíduos. Justo Sierra, ministro de Educação Pública desde 1905, era um deles. José Yves Limantour, um dos ministros mais eminentes, era um dos "científicos" e conhecido como o "mago das finanças". Havia conseguido atingir superávits significativos e, em 1904, conseguira um empréstimo na Europa para a nacionalização das ferrovias. Por fim, havia Bernardo Reyes, que, apesar dos sinais de senilidade e de ter sido retirado do Ministério da Guerra, possuía ascendência sobre os militares e afinal deixou um Exército muito disciplinado, embora mal equipado, corrupto, formado por tropas engajadas à força, desarticulado e sem generais com experiência em combate.

Entre 1904 e 1908, a maior base de apoio do porfiriato veio dos empresários e dos investidores estrangeiros. Num balanço rápido da economia nesse último decênio, podemos dizer que a agricultura para o mercado interno havia crescido um pouco mais rápido, principalmente a produção de milho, *chicle*, arroz e mescal. A agricultura industrial voltada para a exportação, com itens como cana-de-açúcar, café, grão-de-bico, sisal e baunilha, teve um grande salto. A pecuária teve avanços modestos. A extração de metais preciosos e as indústrias tornaram-se mais ágeis, com destaque para a produção de ferro e de petróleo. Surge também uma indústria siderúrgica, e começam a se tornar significativas as exportações de produtos manufaturados (cordas, chapéus e açúcar). O comércio exterior encolheu um pouco e o interior se expandiu, junto com as ferrovias.

No começo do século XIX, a elite econômica era regional ou local. No final do século, começava a tornar-se nacional, pois se estendera às outras regiões do país e ao mesmo tempo tinha diversificado suas atividades. Um exemplo disso foram os Terraza-Creel, que eram fazendeiros, financistas, industriais, possuíam bancos e atuavam na extração de petróleo em sociedade com os ingleses. José Y. Limantour, filho de um comerciante francês, foi um dos científicos mais destacados. Possuía também terras e era diretor de empresas estrangeiras. Embora autores como Friedrich Katz afirmem que os científicos tinham uma orientação pró-europeia – devido a uma visão nacional de que o país precisava aumentar a concessão aos europeus e as alianças com comerciantes de origem europeia para contrabalançar a forte presença norte-americana –, é mais provável que essa burguesia nacional tivesse se tornado intermediária do capital internacional e se aliasse ora aos europeus, ora aos americanos, de acordo com os seus interesses.

A atitude dessa elite parecia esquizofrênica. Mostrava-se totalmente subserviente ao capital internacional, com repentes de surtos nacionalistas. Essas novas elites encontraram forte oposição das elites regionais, que, ao longo da penetração do capital internacional na economia mexicana, haviam sido gradativamente excluídas do poder. Estas contavam com o apoio dos militares de viés nacionalista, cujo principal líder era Bernardo Reyes.

Nessa última década do regime, ocorreu um rápido crescimento do proletariado industrial. As alterações do cenário econômico mudaram drasticamente as condições de vida e verificou-se uma transformação em sua consciência de classe, embora com variações de acordo com as regiões e as atividades nas quais trabalhavam. A partir da virada do século, influenciado pelos contatos com trabalhadores estrangeiros e a migração para os Estados Unidos, surgiu um sentimento nacionalista motivado pela discriminação interna e externa e pelo nascimento de uma consciência de classe. Cabe lembrar que em setores como o ferroviário, a mineração e a indústria petrolífera, todos com forte participação internacional, os melhores postos e salários eram reservados aos estrangeiros. Enquanto até o século XIX as greves eram raras, pois os padrões de vida eram melhores se comparados aos dos trabalhadores no campo, no século XX, devido a essa nova consciência, as greves se multiplicaram. O regime de Díaz tentou controlar o mercado de trabalho com a criação de organizações trabalhistas e pela repressão.

A classe média foi em parte cooptada pelo progresso econômico ou social, embora seja claro que tenha surgido uma oposição entre grupos de intelectuais, como jornalistas e professores, e também de comerciantes. Os jovens letrados tornaram-se mais agressivos em suas críticas, muito em função da sua não incorporação ao poder. Uma juventude intelectual que não era propriamente revolucionária, mas nacionalista, insurge-se contra Díaz e as "múmias" – como eram chamados seus mais próximos assessores, devido à idade avançada – aferradas ao poder político e econômico.

Em 1901, reuniu-se pela primeira vez um grupo de liberais, convocados por Camilo Arriaga, que lança um manifesto com base no liberalismo e no antiporfirismo. Sobrinho de Ponciano Arriaga, deputado constituinte em 1857, era filho de Benigno Arriaga, que apoiara Porfírio Díaz em 1876. Quando chegou ao poder, este compensou a família com cargos políticos. Camilo formou-se engenheiro pela Escola Nacional Preparatória e foi muito influenciado pelo positivismo de Gabino Barreda. Posteriormente, começou a ler Marx, Engels, Proudhon e Bakúnin. Entre o final do século XIX e o início do século XX, juntamente com outros intelectuais, como Juan Sarabia, Antonio Díaz Soto y Gama e os irmãos Jesús, Ricardo e Enrique Flores Magón – editores do jornal *Regeneración*[8] –, funda um clube

[8] Os irmãos Flores Magón são originários do estado de Oaxaca, filhos de Teodoro Flores, militar que lutou contra a invasão norte-americana em 1848, na Revolução Liberal, e contra a invasão francesa, ao lado de Porfírio Díaz, em 1876. Jesus estudou na Escola Nacional de Direito e Ricardo, na Escola Nacional Preparatória. Destacaram-se como jornalistas e editores de oposição ao governo de Porfírio Díaz e foram os fundadores e editores do jornal *Regeneración*. Mais informações serão dadas adiante.

liberal onde se liam as obras da biblioteca de Camilo Arriaga. O grupo volta a se reunir em 1902, pregando a liberdade de expressão, o sufrágio efetivo, municípios livres e a reforma agrária. Formam uma rede de cerca de duzentos clubes liberais por todo o país e, em seguida, lançam o jornal *El Renascimiento*. Com o lançamento, em 1903, de outro manifesto, foram perseguidos pelo regime e alguns líderes fugiram para os Estados Unidos.

Nesse país, fundam o Partido Liberal Mexicano (PLM), mas, devido a divergências políticas, Camilo Arriaga se separa dos irmãos Flores Magón. Em 1906, o PLM em St. Louis, no Missouri (EUA), lança um programa político de combate à reeleição, antimilitarista, livre pensador, anticlerical, trabalhista, a favor da reforma agrária. Nesse momento, podemos falar que uma parcela da classe média se torna antiporfirista, assim como os rancheiros (pequenos e médios proprietários), *braceros* e operários (cerca de setecentos mil, à época). Nesse período, ocorrem greves e protestos de trabalhadores que terão um forte impacto no imaginário político mexicano, como as de Cananea e de Río Blanco.

A greve na Cananea Consolidated Copper Company, mina de propriedade do coronel norte-americano William Greene, teve início em 1º de junho de 1906, quando os líderes mineiros, alguns deles ligados ao Partido Liberal Mexicano, incitaram os trabalhadores a reivindicar aumento de salário e equiparação aos trabalhadores norte-americanos da empresa. Os protestos dos trabalhadores levaram a um confronto com seguranças da companhia. Como a mina ficava próxima da fronteira com o Estado do Arizona, nos Estados Unidos, o proprietário pediu ajuda de tropas americanas que prontamente acorreram a reprimir com violência os grevistas, causando a morte de vários deles. A situação foi controlada rapidamente pelo uso da força, mas a repercussão incendiou o país. O periódico *Regeneración* noticiou o ocorrido e divulgou amplamente a oposição nacionalista ao porfirismo, visto como conivente com a intervenção norte-americana.

No final de 1906, na região de Tlaxcala e Puebla, ocorreram greves nas indústrias têxteis por melhores condições de trabalho. Em protesto contra essas paralisações, os empresários da região resolveram fazer *lockout* (interrupção das atividades) a fim de deter a crescente organização dos trabalhadores. Em retaliação, os trabalhadores de Río Blanco depredaram uma fábrica e foram violentamente reprimidos pela polícia. Seguem-se dois dias de intenso conflito entre trabalhadores e órgãos de repressão. As lideranças dos trabalhadores eram vinculadas a clubes liberais e ao *Regeneración*. As estimativas são contraditórias, mas entre 400 e 800 pessoas morreram ao longo do processo.

Esses dois movimentos são considerados precursores da Revolução Mexicana, pois apresentam, por um lado, o descontentamento com o governo Díaz e a violência com que este reprimia a oposição e, por outro, expressam o surgimento de uma consciência de classe e a organização dos trabalhadores e de setores da classe média em torno dos clubes liberais.

A crise econômica de 1907 e 1908 contribuiu para o aumento da tensão e dos protestos. Embora muitos falassem que era apenas mais uma das crises cíclicas, esta teve seu epicentro nos Estados Unidos e gerou uma recessão, levando muitos mexicanos que trabalhavam naquele país a voltar para seus locais de origem, aumentando ainda mais o desemprego no México. Em sua volta, os imigrantes até então nos Estados Unidos encontraram nas cidades uma nova geração de trabalhadores e uma nova oposição sindical.

A situação agravou-se pela seca e pelas inundações que afetaram a agricultura. Em 1908, a crise atingiu em cheio o campo, provocando escassez de alimentos, e afetou também o setor da produção industrial. A balança comercial tornou-se deficitária. A crise instalou um mal-estar geral na sociedade. A intelectualidade escreveu manifestos, folhetos e livros, tratando das mazelas mexicanas na economia, na política e na sociedade. Acelerou-se assim a formação de grupos e partidos de oposição: o Partido Democrático; o Clube Central Antidemocrático, o que posteriormente se transformou no Partido Antirreeleicionista, com um jornal que será redigido por José Vasconcelos e terá a participação de Francisco Madero; e o Partido Nacionalista Democrático, ligado a simpatizantes de Bernardo Reyes. Já os grupos de apoio a Díaz, como o Clube Reeleicionista, também se fizeram presentes e contavam em seus quadros tanto com "científicos" como com conservadores. Ao final de 1909, toda a movimentação política estava concentrada em dois polos ou partidos: o Reeleicionista e o Antirreeleicionista.

Esse contexto levou ao crescimento do Partido Liberal Mexicano. Era uma oposição em escala nacional que influenciava não só trabalhadores, mas a classe média. A repressão a esse partido levou-o a posições mais radicais. Díaz, ao contrário do passado, não conseguiu dividir as forças políticas e aproximou-se ainda mais dos científicos, indicando Ramón Corral para ser seu vice no mandato de 1904 a 1910, e afastou Bernando Reyes, líder da facção militar. Por sua vez, ocorreram conflitos entre as elites e entre estas contra elementos e empresas de estrangeiros. Em Chihuahua, a repressão e a crise levaram a uma união multiclassista, enquanto em Coahuila, o clã Madero, uma das famílias mais tradicionais e pertencentes à elite, ficou extremamente insatisfeito com a entrada de empresas norte-americanas, o que praticamente acabou com seu predomínio em alguns segmentos da atividade mineradora. Em Morelos, a ascensão da oligarquia canavieira, ligada aos científicos, expropriava as terras das comunidades aldeãs para a ampliação das plantações. O descontentamento desses camponeses converteu-se num dos principais movimentos da futura Revolução de 1910. Por fim, um erro tático de Díaz foi uma entrevista concedida a James Creelman, um jornalista norte-americano, na qual afirmava que o México estava pronto para a democracia e que ele pretendia se aposentar da política.

Num balanço do liberalismo mexicano, Alfonso Reyes observou que a era dos liberais, que se estendera por 43 anos, "havia durado mais do que a natureza parecia consentir". A época da história do México que vai do verão de 1867 à primavera de 1911 admite alguns adjetivos: duradoura, autoritária, liberal, dependente, nacionalista, pacífica, centralista, positivista, urbana, estrangeirista, egoísta, feudal, corrupta e conservadora.

A República Restaurada e o porfiriato foram responsáveis pela integração definitiva do território nacional e pela elaboração de uma consciência e identidade nacionais. O período porfirista deve ser visto em relação com o antes e o depois da história do México, e não em termos absolutos. Foi menos sangrento que esses "antes" e "depois". Entretanto, a ditadura negou às gerações mais jovens o acesso ao poder e produziu a violência que queria combater. O autoritarismo foi uma mescla de concentração de poder de caráter personalista com descumprimento da lei, abandono da crítica política e indiferença pelas demandas populares e pelas eleições. Díaz foi implacável com a oposição periodista e parlamentar.

A época entre 1867 e 1911 foi centralista em todas as esferas. Instalados no Palácio Nacional, tanto González como Díaz não permitiram nenhuma autoridade aos caciques regionais, mandando e desmandando em relação aos poderes locais. O poder, o dinheiro e a sabedoria concentraram-se num número cada vez menor de *capitalinos*[9] sanguessugas.

Se compararmos as duas fases liberais da segunda metade do século XIX no México – a República Restaurada e o porfiriato –, no tocante à liberdade, podemos dizer que em termos políticos ela existiu de maneira restrita na primeira e foi quase nula na segunda. A liberdade econômica e de ensino foi irrestrita nas duas. A liberdade religiosa foi restrita na primeira e mais ampla na segunda. A liberdade de imprensa, irrestrita na primeira, foi limitada na segunda. A liberdade de trabalho e organização dos trabalhadores foi muito restrita em ambas.

Os principais vetores ideológicos da era liberal provinham do positivismo. Os quatro presidentes liberais fizeram o possível para criar um clima propício ao desenvolvimento das forças produtivas do país. A prosperidade porfírica, assim como a de

[9] Habitantes da Cidade do México, Distrito Federal.

seus antecessores, não alcançou a grande maioria da população e foi mais visível nas cidades. O progresso aristocrático e urbano foi obtido ao custo de uma boa dose de dependência. Mas, paradoxalmente, apesar da dependência econômica externa e do estrangeirismo crescente, a elite política da era liberal foi profundamente patriótica.

2. Revolução Mexicana

A Revolução Mexicana eclodiu no final de 1910, quando se aproximava mais um período de eleições presidenciais. Apesar de ter anunciado que se aposentaria naquele ano, Porfírio Díaz lançou-se candidato a uma nova reeleição, a sétima, para o mandato de 1910-1916. A crise da sucessão presidencial era a expressão de uma disputa política que possuía raízes mais profundas, vinculada a embates entre setores da classe dominante, que por sua vez estava interligada a uma crise econômica e social que perpassava todo o México e atingia as classes subalternas. A Revolução Mexicana se inicia como uma revolução política, mas a crise política é apenas a espuma na superfície do mar social que se agitava em suas profundezas. Para compreendermos as transformações que se operavam, precisamos acompanhar o desenrolar dos acontecimentos da disputa presidencial em torno do candidato Francisco I. Madero. Ao seu redor se aglutinou toda a oposição a Díaz e a seu regime, desde setores das elites, como a própria família Madero, constituída de proprietários de terras e industriais no norte do país, até setores da burguesia asfixiados pela ditadura porfirista, passando pela classe média que exigia maior participação política. O descontentamento atingia também setores operários, que buscavam liberdade para sua organização política e melhores condições de vida, e camponeses, que sofriam perseguição política e expropriação de suas terras.

Crise das elites e mobilização das massas: 1910-1914

O ano do cometa Halley, 1910, criou uma grande comoção no imaginário social e popular mexicano. As camadas populares falavam que a queda de Montezuma ocorrera num ano em que um cometa passou muito próximo da Terra, assim como aconteceria neste. Já as camadas superiores, por seu turno, também se alvoroçaram, pois os cientistas e astrólogos falavam que o Halley passaria próximo demais do nosso planeta e que sua cauda poderia atingir a Terra. Outro acontecimento que mobilizou a população foi o recenseamento nacional. Muitos acreditavam que estava sendo feito para aumentar os impostos e promover o recrutamento forçado para as tropas federais. O censo revelou a tendência da população de emigrar para o norte, atraída pelo desenvolvimento econômico dessa região, e de concentrar-se cada vez mais em cidades, em virtude das melhores condições de trabalho; por outro lado, o censo também documentou a expansão das grandes propriedades no campo. O crescimento médio da população era de 2% ao ano. Para a economia, 1910 foi um ano de avanços: a crise parecia ter sido superada e todos os dados indicavam progresso e bonança para os anos vindouros.

O Partido Antirreeleicionista, em convenção, ratificou Madero como candidato. Logo após sua indicação, este saiu num giro político pelo norte do país. Acusado de sedição, foi preso antes mesmo de ocorrerem as eleições, quando se encontrava na cidade de San Luis Potosí. Com Madero no cárcere, as eleições ocorreram conforme o esperado e Díaz reelegeu-se facilmente, como de costume. Após as eleições, um destaque especial deve ser dado para o mês de setembro, marcado pelas comemorações do Centenário da Independência. Nesse momento, questões políticas e econômicas ficaram em segundo plano. O mês foi marcado por desfiles comemorativos, inaugurações, procissões, fogos, confetes, tiros de canhão, discursos, músicas, luzes, serenatas, exposições e banquetes.

Mas, dessa vez, Díaz encontrou um candidato obstinado: Francisco Madero. Este era filho de uma família tradicional do Estado de Coahuila, prejudicada pela competição com empresas norte-americanas. Após as eleições, Madero fora posto em prisão domiciliar. Em seguida, fugiu para os Estados Unidos e lançou um manifesto aos mexicanos, – o Plano de San Luis Potosí – para que se sublevassem contra a ditadura porfirista no dia 20 de novembro. O plano em geral fazia demandas políticas, com exceção do artigo terceiro, que, de forma ambígua e vaga, falava da questão das terras expropriadas aos camponeses.

> *Abusando de la ley de terrenos baldíos, numerosos pequeños propietarios, en su mayoría indígenas, ha sido despojados de sus terrenos* [...] *Siendo de toda justicia restituir a sus antiguos poseedores los terrenos de que se les despojo de un modo tan arbitrario, se declaran sujetas a revisión tales disposiciones y fallos y se les exigirá a los que los adquirieron de un modo tan inmoral, o a sus herederos, que los restituyan a sus primitivos propietarios, a quienes pagarán también una indemnización por los perjuicios sufridos.* (Plano de San Luis Potosí, 1910 Apud Córdova, 1992, p.431)

> [Abusando da lei de terrenos baldios, muitos proprietários, em sua maioria indígenas, foram despojados de suas terras [...] Sendo justo restituir a seus antigos donos as terras que lhes foram usurpadas de modo tão arbitrário, tais disposições e sentenças se declaram sujeitas à revisão e será exigido de todos os que adquiriram terras de modo tão imoral, ou de seus herdeiros, que as restituam a seus primitivos donos, a quem pagarão também uma indenização pelos prejuízos.]

Não há indícios claros de apoio dos Estados Unidos e das empresas multinacionais norte-americanas a Madero e sua revolução, mas, de seu lado, o governo estadunidense não colocou obstáculos a que os maderistas organizassem suas atividades do lado de lá de sua fronteira. As relações entre os dois países eram tensas desde 1900. Os científicos mostraram-se indignados com o intervencionismo norte-americano na América Central e no Caribe depois da Guerra Hispano-Americana. Devido à hostilidade à política americana, os científicos estimularam a presença europeia na economia do país e Porfírio Díaz apoiou o presidente liberal da Nicarágua, José Santos Zelaya, que fora deposto em 1907 por uma invasão norte-americana. Díaz concedeu asilo político ao ex-presidente, fato que desgostou o governo estadunidense. Essa situação não deixa de ser paradoxal porque, no México, Díaz era visto como pró-Estados Unidos, e os americanos estavam descontentes com as últimas medidas de seu governo.

A Revolução Mexicana foi uma das poucas revoluções ocorridas com data e horário marcados para começar: dia 20 de novembro de 1910, às 18 horas. Esta primeira tentativa de levante foi um fracasso, mas não impediu que o chamado de Madero fosse ouvido e respondido pelos mais diferentes grupos descontentes com o governo, principalmente no meio rural. Tinha início o que se convencionou chamar de Fase Maderista da Revolução, definida como a fase política, e que se desenrolou de novembro de 1910 a fevereiro de 1913.

A Revolução, não esperada pelos contemporâneos, era uma filha inesperada do projeto liberal do século XIX e não foi fruto da miséria e da estagnação, mas provocada pela desordem da expansão econômica e das transformações sociais e políticas decorrentes dessas mudanças. Qual tinha sido o sonho em 1857? Instalar uma república democrática, igualitária, racional, industrialista e aberta à inovação e ao progresso. Qual era a realidade em 1910? Uma república oligárquica, autoritária, morosa, desconjuntada, sacudida pelas inovações e presa à tradição colonial. Continuava a ser uma sociedade católica, indígena, baseada nas *haciendas*, corporativa, com uma indústria restrita (principalmente nas áreas têxtil e de mineração) e com um comércio incipiente.

Em resposta ao apelo de Madero, ocorreram levantamentos em Chihuahua com Pascual Orozco, Pancho Villa e Abraham González; em Sonora, com José María Maytorena; e em Coahuila, com os pequenos proprietários Eulálio e Luis Gutiérrez. Na Baixa Califórnia, com José María Leyva; em Guerrero, com os Figueroa; em Zacatecas, com Luis Moya. Todos acatavam difusamente Francisco Madero como chefe, exceto o grupo dos irmãos Flores Magón, que, além de mexicanos, contava com combatentes de diversas nacionalidades, e que tentou invadir a Baixa Califórnia, a partir do território estadunidense, em fins de janeiro de 1911.

Aqui cabe falar um pouco mais profundamente do movimento magonista tão esquecido pela historiografia oficial. Grupos do Partido Liberal Mexicano (PLM) organizaram uma das mais poderosas colunas da campanha de Chihuahua, comandada pelo líder militar do partido, Prisciliano Silva. Outro grupo, vindo dos Estados Unidos, tomou as cidades fronteiriças de Mexicali e Tijuana, no Estado da Baixa Califórnia, tudo isso com os principais líderes no cárcere. A força do movimento magonista deveu-se muito ao seu jornal *Regeneración*. Este periódico circulou por 18 anos, fruto da tradição liberal de possuir um jornal para divulgar suas ideias. Fundado em 1900, foi uma obra coletiva que, além dos irmãos Ricardo e Jesús Flores Magón, contava com a participação de Juan e Manuel Sarabia, Librado Rivera, Anselmo Figueroa e Práxedis Guerrero. A publicação tornou-se rapidamente uma das vozes mais críticas ao regime porfirista e, por isso, foi duramente perseguida pelo governo, que levou seus editores à prisão e, posteriormente, ao exílio nos Estados Unidos, onde continuaram a publicar e enviar para o México, pelo correio, os exemplares do jornal. Por meio de uma rede de distribuição, este chegou a ser vendido no Uruguai, na Argentina e mesmo no Brasil. Em 1906, saiu publicado no jornal o Programa do Partido Liberal Mexicano. Em 1910, por meio do *Regeneración*, o PLM assume sua postura anarquista e o projeto de organizar uma revolução no México para derrubar Díaz e transformar o país.

Quais eram as táticas do PLM e da organização dos magonistas para atingir seus objetivos? Em primeiro lugar, organizar células ou clubes políticos; em segundo, seus membros deveriam incorporar-se em organizações de massa; e, por fim, instrumentalizar essas organizações com técnicas políticas e núcleos armados para entrar em combate. Tentaram colocar em prática tais táticas com relativo sucesso, como demonstram as greves de Cananea e de Río Blanco, onde seus membros tiveram participação decisiva. No artigo "Aos Proletários", o jornal lançou um chamado à luta aos trabalhadores da cidade e do campo. Os magonistas propunham uma luta contra o centralismo político e econômico e a favor de uma reforma agrária. A partir de 1911, redefinem a luta por uma perspectiva mais radical; embora alguns de seus membros aderissem ao movimento maderista, sua direção rejeitou a aproximação, pois julgou Madero uma espécie de Kerenski. Foi desse ano a primeira declaração pública do anarquismo como ideologia do grupo magonista. Os magonistas, durante sua estada em terras estadunidenses, contaram com o apoio dos militantes do sindicato Industrial Workers of the World (IWW), de tendência anarcosindicalista, e sofreram influência de suas ideias, assim como do anarquismo espanhol.

No início da revolução, em 1911, foi a principal força política alternativa ao maderismo, sendo a única organização político-militar com inserção social nacional. Passou de uma aliança com a burguesia a uma posição mais radical e autônoma. Entretanto, em finais de 1911, já sob a presidência de Francisco Madero, o Exército Federal entrou no norte da Baixa Califórnia e derrotou facilmente a efêmera república flores-magonista na região. Depois de 1912, o PLM entra em crise.

Como explicar essa crise? Em primeiro lugar, a ideologia anarquista não abordava o problema do poder centralizado, ou seja, do Estado, apesar de construir um partido centralizado e usar uma tática intuitivamente leninista, sem a conhecer. O fracasso, segundo Armando Batra, estaria no fato de que o operariado mexicano não estava maduro para levar a cabo uma aliança operário-camponesa, em que os primeiros tomassem a direção. A luta na Revolução Mexicana enveredou para uma guerra camponesa prolongada e os operários não se uniram aos camponeses. Esta união ocorreu apenas em alguns casos. Zapata chegou a convidar a Junta Organizadora do PLM para ir a Morelos, mas Ricardo Flores Magón não aceitou. Não se colocava no horizonte desses revolucionários lançarem-se ao campo, embora entre 1914 e 1915, quando o governo da Convenção ficou sob a jurisdição dos zapatistas que ocuparam a Cidade do México, as relações entre o movimento operário e os camponeses tornaram-se mais sólidas. Esse tópico será retomado mais adiante.

Os limites do movimento foram impostos pelo próprio periódico *Regeneración*, ou seja, a dificuldade de usar um jornal e fazer propaganda por via escrita num país composto majoritariamente de analfabetos. Ademais, nem todos os leitores do jornal eram necessariamente militantes do PLM. Outra limitação se dá quando a revolução se torna uma guerra camponesa prolongada. Quando isso aconteceu, o magonismo não soube realizar a aliança operário-camponesa.

Deve-se destacar que algumas das principais propostas apresentadas em seu programa de reivindicações, tais como liberdade política, regime democrático, salário mínimo, jornada de oito horas, liberdade de organização operária, divisão de terras, anulação de dívidas dos peões, ampliação do mercado interno, desenvolvimento industrial e luta contra o imperialismo, foram incorporadas na Constituição de 1917. Cabe lembrar também que em outras regiões do México os socialistas tiveram papel importante, por exemplo, em Yucatán.

Grosso modo, surgem dois centros geográficos revolucionários duradouros: no sul, forças camponesas do estado de Morelos, lideradas por Emiliano Zapata, iniciam uma revolução agrária. Esse movimento, que passou boa parte dos anos de lutas civis (1910-1920) de forma autônoma em relação às outras forças, contribuiu decisivamente para o caráter social, popular e camponês da revolução. O exército camponês comandado por Emiliano Zapata era orientado com base na proposta de restituição das terras comunais dos *pueblos*, expropriados pelas grandes fazendas da região plasmadas no Plano Ayala.

O Plano Ayala foi redigido e assinado pelos chefes zapatistas em Ayoxustla, Puebla, em 28 de novembro de 1911. A partir desse momento, o plano se torna o programa zapatista, sendo discutido por Emiliano Zapata e Otílio Montaño[1] e redigido por este último. O Plano Ayala desconhecia Madero como presidente e pedia sua destituição. Seus artigos fundamentais defendiam três pontos: a) os *pueblos* ou cidadãos que possuíssem os do-

---

[1] Otílio Montaño é uma figura singular no processo revolucionário mexicano. Nascido em Villa de Ayala, no estado de Morelos, realizou seus estudos em Cuatla e foi designado professor em escolas de Jonacatepec e Tepalcingo. Chegou a ser diretor de uma escola em Villa de Ayala. Apoiou a revolução maderista desde seu início, posteriormente unindo-se à Zapata.

cumentos de terras expropriadas pelos fazendeiros tomariam imediatamente a posse delas e as manteriam de armas em punho até o final da revolução; b) expropriação de um terço das terras e propriedades dos grandes latifúndios, mediante pagamento de indenização, a fim de que os povos e cidadãos do México pudessem trabalhar nelas; c) nacionalização da totalidade dos bens dos grandes fazendeiros, científicos ou caciques políticos que se opunham direta ou indiretamente ao plano. O plano, embora simples, e até limitado, pois tratava apenas da questão da terra, possuía um caráter profundamente revolucionário, na medida em que determinava a nacionalização dos bens dos inimigos da revolução, ou seja, os latifundiários e os capitalistas, e por outro lado estipulava que os camponeses e *pueblos* tomassem posse de suas terras imediatamente.

O Norte, ao contrário do Sul, não produziu um movimento uniforme. Dois grupos principais formavam as tropas maderistas, um liderado por Pascual Orozco e outro composto de guerrilheiros comandados por Francisco Villa. O movimento de "Pancho" Villa, não possuía formas de mobilização e bandeiras políticas tão claras como o do Sul, o que dificultou a elaboração de um programa político de reformas sociais mais claras. Ainda no Norte, formaram-se outros movimentos revolucionários advindos de forças heterogêneas que, no futuro, dariam origem a uma nova elite revolucionária. Em sua maioria, seus líderes eram originários da classe média e seus exércitos eram advindos de forças repressivas provinciais que posteriormente deram origem aos exércitos revolucionários liderados por Venustiano Carranza, em Coahuila, e Álvaro Obregón, no estado de Sonora.

A Revolução transformou-se num emaranhado de forças políticas e sociais, e Madero não conseguiu ter um controle efetivo sobre os vários grupos que se uniram à sua causa. Em todo o país, os grupos revolucionários se multiplicavam, principalmente na fronteira norte, desencadeando vários movimentos heterogêneos entre si. Podem-se citar, além dos dois grupos anteriores, as facções ligadas a Bernardo Reyes, ao Partido Nacional Católico e a Abraham González.

Em primeiro de abril de 1911, Díaz foi à Câmara de Deputados para abrir as sessões legislativas e dar o informe de governo. Prometia emendas jurídicas, como a não reeleição, o fim dos abusos das instituições oficiais, a reforma da lei eleitoral, a reorganização do poder jurídico e o fracionamento dos latifúndios. Seus conselheiros não se atreviam a informá-lo da gravidade da situação no país. Díaz não estava suficientemente inteirado dos contínuos reveses sofridos pelas tropas federais. Começou a tomar conhecimento dos fatos depois de 15 de abril. Esse foi o mês das derrotas e das quedas de várias cidades (Chilapa, Inde, Cuencamé, Durango, San Andrés Tuxtla, Sombrerete, Agua Prieta); em maio, a cada dia os revoltosos traziam uma nova surpresa. No dia 10, caiu Ciudad Juárez. Ato contínuo, novas negociações foram abertas e, no dia 21, as tropas federais assinaram um acordo com os revolucionários. Finalmente, após cinco meses de conflito, a 25 de maio de 1911, Porfírio Díaz renunciou. Era o fim de um longo período da história mexicana. Foi substituído por Francisco Léon de la Barra como presidente provisório até a convocação de novas eleições.

Os acordos de Ciudad Juárez haviam selado a continuidade do Estado burguês entre o governo de Porfírio Díaz e o de Madero. Os acordos deixam claro qual era seu objetivo: dar cabo da revolução camponesa em gestação.

Um balanço rápido desses primeiros fatos revolucionários revela que a Revolução foi fruto de um descontentamento agrário, resultado das décadas de usurpações das terras das comunidades camponesas do sul, centro e norte do país. Soma-se a isso a oposição política que aumentou durante a primeira década do século XX, principalmente entre a classe média e a operária, ou seja, a Revolução também foi instigada pelo monopólio político e econômico da oligarquia porfiriana. Contribuiu ainda a inflação causada pela alta dos impostos governamentais para manter a máquina estatal.

A Revolução foi também produto do desenvolvimento econômico. Os investimentos estrangeiros, principalmente norte-americanos e britânicos, deram origem a novos empreendimentos mineiros, que provocaram ondas migratórias e concentraram grandes quantidades de operários em cidades do norte do país. Ao mesmo tempo, desenvolveram-se a pecuária e a agricultura capitalistas, surgidas para abastecer o mercado mineiro e os Estados Unidos. Não podemos esquecer a indústria têxtil e seu capital francês e espanhol. Assim, viu-se o despontar do Norte sob os auspícios de um surto capitalista e um *boom* econômico com o surgimento de ferrovias, bancos, a indústria petroleira, de mineração e de fundição, em Monterrey. Esse surto migratório veio a ser conhecido como o "chamado do Norte" ou "do deserto".

Esse processo, vinculado ao trabalhador livre, foi o núcleo da rebelião maderista, no eixo montanhoso e de concentração das cidades mineiras, com forte presença de trabalhadores localizados na Sierra Madre Ocidental, ou seja, o norte serrano. Essa, que era a região mais dinâmica do capitalismo mexicano e a mais integrada à economia mundial e em especial à norte-americana, foi, portanto, a mais afetada pela crise mundial de 1908.

Cabe lembrar que esses trabalhadores rapidamente desenvolveram uma consciência nacional, dando origem a uma ideologia nacionalista. Esse fato se deve a que muitas empresas estrangeiras, as norte-americanas em especial, principalmente dos setores ferroviário, petrolífero e minerador, reservavam seus melhores empregos e salários a estrangeiros, cabendo aos mexicanos os cargos e salários inferiores. Além disso, essas empresas tinham uma longa tradição de maus-tratos aos trabalhadores. Nesse sentido, a Revolução Mexicana foi uma resposta ao imperialismo norte-americano.[2]

O porfiriato engendrou o seu próprio fim ao afastar uma parcela das elites regionais e ao agir em favor dos interesses estrangeiros, promovendo ao mesmo tempo uma nova geração de oligarcas. Também acelerou o processo de centralização política

---

[2] Assim como outras revoluções nesse mesmo período, a Revolução Mexicana foi uma resposta nacionalista ao imperialismo britânico e norte-americano. Para um aprofundamento dessa discussão, ver o excelente capítulo "Causalidade mundial: Irã, China, Rússia e México", no livro de Hart (1990).

e a eliminação de certos caciques regionais. O ano de 1908 foi apenas a "semeadura do colapso".

Com a renúncia de Porfírio Díaz, foram realizadas novas eleições, que aclamaram Francisco Madero. Essa primeira fase da Revolução não causou grandes danos à economia mexicana, principalmente porque a luta armada ficou restrita a regiões específicas do país: o extremo norte e o estado de Morelos. As eleições ocorreram em 1º de outubro de 1911, e Francisco Madero foi eleito com 53% dos votos pelo Partido Progressista Constitucional (o antigo Partido Antirreeleicionista). O curto governo de Francisco Madero (novembro de 1911 a fevereiro de 1913) foi hostil ao movimento operário e tratou de controlá-lo e regulamentá-lo. Para tanto, criou o Departamento do Trabalho. Acabou com a censura à imprensa e, em geral, foi um governo de respeito às liberdades democráticas, mas fechado às transformações sociais.

Nesse sentido, não causa estranheza que procurasse reprimir os magonistas na Baixa Califórnia, como já foi citado. Sua relação com o movimento camponês foi distinta. Na medida em que os camponeses, em especial os zapatistas, se negaram a depor as armas, procurou reprimi-los. Realizou sucessivas campanhas contra eles, em especial a comandada pelo sanguinário general Juvêncio Robles, em 1912, para acabar com o levantamento em Morelos. Nessas campanhas, Juvêncio Robles usou a mesma política que quase meio século depois as tropas norte-americanas utilizariam no Vietnã: fuzilamento em massa, queima de *pueblos*, saque e tortura contra camponeses suspeitos.

Madero e seu governo enfrentaram a violenta oposição de Zapata e seus camponeses, que continuaram em armas e lançaram o já mencionado manifesto político denominado Plano Ayala, em 25 de novembro de 1911. Em Morelos, onde já havia ocorrido a reforma agrária, os camponeses ocuparam as terras que lhes haviam sido usurpadas pelos grandes proprietários. Com essa retomada, colocaram em cheque o eixo da acumulação capitalista no país, qual seja, o grande latifúndio. Este conflito é uma expressão da luta de classes, na medida em que o Plano Ayala inverte a juridicidade burguesa quando propõe que serão os *hacendados* que terão de comprovar quais propriedades lhes pertenciam. Tal ato era a expressão clara e orgânica da afronta das forças sociais.

Além das resistências à esquerda, de zapatistas e trabalhadores, Madero sofre oposição pela direita, de grupos remanescentes do porfiriato inconformados com a perda do poder. Eclodiram as revoltas do general Bernardo Reyes, na região nordeste; no norte, a dos irmãos Emílio e Francisco Vázquez Gómez; a de Pascual Orozco, um de seus primeiros partidários, a dos corpos auxiliares do Exército e de governadores. As duas revoltas de Orozco e dos irmãos Vázquez Gómez tiveram como palco mais precisamente o estado de Chihuahua. Para debelar essas rebeliões, Madero teve de reforçar o Exército comandado por Victoriano Huerta e viu-se obrigado a recorrer a empréstimos externos.

O governo Madero viveu uma democracia constantemente ameaçada de um golpe. Os golpistas contavam com o apoio da Câmara de Deputados e do Senado – o centro da contrarrevolução –, da imprensa e dos Estados Unidos, então governado pelo presidente William Howard Taft, do Partido Republicano, o qual apoiou governo no México favorável aos Estados Unidos, mesmo tendo perdido as eleições de 1912 para o democrata Woodrow Wilson.

Havia também uma oposição advinda dos antigos porfiristas. Estes executaram três tentativas de golpe. A primeira, em outubro de 1912, comandada por Félix Díaz, sobrinho de Porfírio Díaz, teve por base a cidade de Veracruz, principal porto de exportação mexicano. Ela foi debelada e seu líder, preso. Madero novamente foi obrigado a aumentar sua dívida com o Exército. A segunda tentativa golpista foi comandada pelo general Manuel Mondragón e ocorreu na capital, em 9 de fevereiro de 1913. O objetivo dessa insurreição era libertar os generais Bernardo Reyes e Félix Díaz e em seguida tomar o Palácio Nacional. O primeiro intento foi alcançado, mas a tomada do palácio não ocorreu e ainda causou a morte de Reyes. Os golpistas retrocederam para um local conhecido como *Ciudadela* e ali se entrincheiraram.

Victoriano Huerta, designado comandante das tropas federais, foi enviado para reprimir o *cuartelazo*. Esses acontecimentos marcaram o início do que ficou conhecido como *Decena Trágica*. Durante dez dias, de 9 a 18 de fevereiro, a cidade viveu momentos de pânico assistindo às batalhas entre rebelados e tropas fiéis ao governo constitucional. Naquele momento, a debilidade social e política do governo havia alcançado seu ponto mais alto, e sua sorte estava lançada.

No final, com a intermediação do embaixador norte-americano no México, Huerta fez um acordo com os rebelados para destituir Madero e instaurar um triunvirato e, assim, traiu a confiança que Madero depositara nele, prendendo e assassinando o presidente e seu vice. Na sequência, assumiu a presidência, rompendo o acordo estabelecido. Dessa forma, após dois golpes fracassados, as facções militares, os conservadores e os partidários remanescentes do porfiriato conseguiram retornar ao poder. Madero, no final, foi derrubado não por um general de Porfírio, mas por sua própria ala direita, seu ministro da Guerra. Com o fim do governo maderista, desaparecia o último verniz de legitimidade do sistema, e a revolução das camadas populares tendo à frente os camponeses, que já fervilhava subterraneamente, eclodiu.

A partir de fevereiro de 1913, inicia-se o governo contrarrevolucionário de Victoriano Huerta, ao qual se opôs uma nova onda revolucionária. A princípio não houve nenhuma resistência ao golpe por parte do Exército, da Justiça ou da maioria dos governadores, sinal inequívoco da fragilidade do governo de Madero e do apoio das elites e de seus representantes. Apenas o governador Venustiano Carranza, do pequeno estado de Coahuila, no nordeste do país, desconheceu o novo governo. Esse movimento lançou o Plano de Guadalupe, em que o poder federal não era reconhecido, nem os governadores que não rompessem com Huerta, além de declarar Carranza o "Primeiro Chefe" da revolução. Um detalhe importantíssimo foi que neste plano, muito próximo da postura de Madero, não consta nenhum artigo referente às demandas sociais.

Em seguida, as forças políticas do estado de Sonora também se uniram a Carranza. Esses grupos todos se denominavam constitucionalistas, pois se diziam defensores da Constituição de 1857. As forças revolucionárias possuíam uma fachada múltipla no norte, com três grandes grupos revolucionários – Carranza, Obregón e Villa –, e uma fachada única no sul, com Zapata. As forças zapatistas em Morelos, que permaneceram continuamente em luta mesmo durante o governo Madero, mantiveram sua autonomia. Quanto às relações internacionais, os governos posicionaram-se de forma ambígua e não reconheceram o novo mandatário de imediato.

Do ponto de vista econômico, houve uma crise, principalmente na indústria de mineração, devido à queda nos preços da prata. Por outro lado, o governo conseguiu um empréstimo internacional, insuficiente, porém, para fazer a economia deslanchar. Os reflexos da crise na mineração e nos pequenos negócios do Norte logo se fizeram sentir e, para completar, a seca desse ano fez os preços dos grãos aumentarem, determinando uma desvalorização do peso frente ao dólar.

As forças constitucionalistas estavam basicamente agrupadas em três exércitos: a Divisão do Norte, comandada por Francisco Villa e que tinha como teatro de operações os estados de Chihuahua, Durango e Zacatecas; o Exército do Nordeste, liderado por Pablo Gonzaléz e atuando nas regiões de Coahuila, Nuevo Leon, Tamaulipas, Tampico; e o Exército do Noroeste, capitaneado por Álvaro Obregón e atuando em Sonora e Sinaloa.

Os levantes dos revolucionários do estado de Sonora resultam de uma tentativa de supremacia político-militar, pois as forças federais eram vistas como um exército de ocupação. Assim, elementos como Álvaro Obregón, Adolfo de la Huerta, Plutarco Elias Calles, Salvador Alvarado e outros, todos pequenos e médios agricultores, comerciantes ou rancheiros modestos, organizaram uma revolução baseada no palácio do governo estadual, num processo profissional de agrupamento militar. O motivo ideológico desse grupo, vinculado a uma pequena burguesia agrária ou urbana, era derrotar os últimos vestígios do antigo regime e ascender na política local e nacional.

Já os motivos de Villa resultavam de uma condensação de vários levantamentos fragmentários de caráter mais popular e radical, com um vago projeto da utopia militar de atualização das antigas colônias militares.

A esta altura podemos afirmar que existiam quatro grandes eixos da nova rebelião: a) a frente zapatista no sul; b) as colunas próximas ao primeiro-chefe, Venustiano Carranza, comandadas por Pablo González; c) as forças organizadas pelo governo de Sonora e comandadas por Álvaro Obregón; d) a torrente villista. Foi por meio do Pacto de Monclova que se deu a união dos quatro eixos, formando o que ficou conhecido como Revolução Constitucionalista. Mas essa união continha divisões internas: uma fratura representada pela disputa Carranza-Villa e outra pela visão preconceituosa que os nortistas tinham do exército sulista, considerado por aqueles com uma forte carga colonial e indígena, "com o cheiro do México velho". Afinal, o norte era laico, empreendedor, branco, rancheiro e comedor de trigo, enquanto os sulistas eram predominantemente mestiços, camponeses e comedores de milho.

O governo de Huerta fez três iniciativas na tentativa de costurar uma hegemonia política e militar no México. Convocou eleições e aproximou-se politicamente da Igreja, dos progressistas, científicos e reystas, além de aumentar seguidamente o efetivo do Exército. Durante o verão de 1913, o Exército Federal conquistou uma série de vitórias contra os Exércitos do Nordeste e do Noroeste. Na frente externa, os Estados Unidos enxergavam no governo de Huerta uma aproximação com a Inglaterra, o que afetava, segundo sua ótica, as indústrias petrolíferas norte-americanas. O novo governo democrata de Woodrow Wilson fez sérias ameaças a Huerta e não reconheceu seu governo.

Huerta saiu-se vitorioso nas eleições presidenciais e obteve maioria no Congresso, graças ao apoio dos católicos. Ao mesmo tempo, os exércitos do Nordeste e do Noroeste se reorganizavam, assim como a Divisão do Norte, e partiam numa contraofensiva.

Essa estratégia das forças contrarrevolucionárias de Huerta funcionou até o início de 1914, quando chegou a dominar dois terços do país. Até então, continuava a dominar os principais portos do território e mantinha sob controle a Igreja, os empresários e os banqueiros. Apesar de o Exército Federal chegar a contar com duzentos e cinquenta mil homens, a Revolução cresceu e conquistou vitórias importantes, como a tomada de Monterrey, Tampico e Torreón no norte, enquanto os zapatistas atacavam o estado de Guerrero ao sul.

O não reconhecimento pelos Estados Unidos da administração de Huerta levou a uma crise com esse país. Os Estados Unidos planejaram invadir o México, com a tomada dos portos de Veracruz e Tampico por fuzileiros navais norte-americanos. Wilson usou a desculpa da prisão de alguns marinheiros em Tampico e ordenou à sua frota no Atlântico que tomasse as duas cidades. Esperava que, com essa ação, Huerta renunciasse e, se isso não acontecesse, planejava tomar a Cidade do México a fim de derrubá-lo.

A intervenção fracassou devido à resistência da guarnição mexicana ao desembarque dos fuzileiros em Veracruz, e as forças que se dirigiam para Tampico tiveram de ser redirecionadas para Veracruz. Huerta acabou obtendo um fugaz apoio dos católicos e das populações das cidades, principalmente devido ao antiamericanismo enraizado nos mexicanos. Wilson teve de se contentar em permanecer em Veracruz e aceitou a mediação do grupo de países denominado ABC (Argentina, Brasil e Chile). Mas, indiretamente, os desejos norte-americanos se concretizaram, pois a situação de Huerta começou a deteriorar devido à perda da receita da alfândega de seu principal porto, com o embargo de compras de novas armas e munição, que também chegavam predominantemente por ali. Esses acontecimentos levaram ao enfraquecimento do governo. Huerta não possuía base de sustentação política; suas forças foram suficientes para dar o golpe, mas não para construir uma hegemonia. Ademais, a mobilização das camadas populares se mostrava irreversível. Enquanto os exércitos do Nordeste e do Noroeste praticamente não avançavam, as tropas da coalizão camponesa da Divisão do Norte, comandadas por Francisco Villa, seguiam, de vitória em vitória, aproximando-se da capital e só não a tomaram devido à interrupção no fornecimento de carvão para os trens que transportavam seus exércitos. A ordem de cortar os combustíveis para os trens de Villa partiu de Carranza, temeroso da força que Villa adquiriria. A hostilidade de Carranza era reforçada pelas diferenças de classes existentes entre os dois.

Nesse ínterim, apoiado por Carranza, Obregón avançou pela costa do Pacífico, onde não encontrou muita resistência das forças federais. Em 8 de julho de 1914, Huerta renunciou, logo após a queda de Guadalajara, a segunda maior cidade do país. Os comandantes do Exército Federal assinaram os tratados de Teoloyucan com as forças revolucionárias, representadas por Álvaro Obregón, e, em agosto de 1914, suas tropas entraram na capital federal. O tratado estipulava que as Forças Armadas seriam dissolvidas e que Venustiano Carranza assumiria como presidente provisório. A dissolução do Exército Federal e sua substituição pelo Exército Constitucionalista marcou uma ruptura de peso na Revolução. O Exército Federal era o mesmo desde o tempo de Porfírio Díaz e somente com a derrota definitiva e sua dissolução ocorreu a ruptura total com o antigo regime. Por outro lado, a continuidade do movimento revolucionário dos zapatistas significava que a guerra de classes não se interrompera.

Nesses primeiros anos da Revolução, verifica-se uma fragmentação das elites mexicanas e uma gradual mobilização das camadas populares, capitaneadas pelas forças revolucionárias camponesas, em especial as zapatistas e villistas, tendo em segundo plano grupos urbanos provenientes de setores do proletariado e da classe média. A mobilização das camadas populares levou a um novo degrau na luta revolucionária; o objetivo agora era a tomada do poder central. Com a derrota do Exército Federal e a saída de cena de Victoriano Huerta, era natural que a aliança multiclassista que enfrentara as forças contrarrevolucionárias entrasse em crise e abrisse espaço para uma guerra de classes.

Confronto de classes e vitória momentânea dos camponeses: 1914-1915

Entre agosto de 1914 e outubro de 1915, o México viveu o período mais intenso da Revolução. Nessa fase, deu-se a fragmentação das forças revolucionárias em várias facções e ocorreu a radicalização dos camponeses. Nesse momento, os grupos vitoriosos entraram numa intensa disputa pela definição do tipo de regime que deveriam construir. Quatro grandes exércitos revolucionários haviam se desenvolvido em diferentes regiões do México, tanto material como socialmente. Eram os exércitos do Nordeste, do Noroeste, do Norte e do Sul, cada um representando uma configuração particular das forças sociais em luta. Os exércitos do Nordeste e do Noroeste possuíam semelhanças em sua composição social e propostas ideológicas, mas, em relação aos outros dois, estes se desenvolveram de maneira tão diferente que a luta para construir o novo Estado teria de começar como uma guerra em torno das relações sociais da produção, com a questão da terra no centro da disputa.

Na realidade, a divisão das forças constitucionalistas já tinha ocorrido meses antes, quando praticamente houve o rompimento entre Villa e Carranza. Uma última esperança de manter a união foi feita com o Pacto de Torreón, em que as várias facções se comprometeram a convocar uma assembleia assim que o inimigo comum fosse derrotado.

Se economicamente o país conseguiu passar sem problemas pelos três primeiros anos da guerra civil, nos anos seguintes ele se encontrava numa situação caótica. Havia ocorrido um colapso das transações comerciais e políticas, tanto em nível nacional como regional e local. O país tinha perdido o crédito internacional, o Tesouro fora levado à exaustão com os seguidos esforços de guerra e a dívida externa atingiu patamares estratosféricos. O sistema bancário estava na bancarrota; as estradas de ferro, destruídas; a mineração, interrompida; e a agricultura estava em crise.

Nesse momento, pode-se dividir as forças revolucionárias em ação em dois grandes grupos. As forças constitucionalistas, formadas pelos exércitos do Nordeste e do Noroeste, que se assemelhavam, pois ambos tinham sido formados com base em contingentes mais ou menos profissionais, ganhavam soldo, e seus líderes, todos agora generais, à época em que haviam entrado nas tropas revolucionárias eram jovens saídos das classes média e alta de comerciantes e fazendeiros (médios ou pequenos). Mais próximos das organizações trabalhistas, não davam muita atenção para a questão agrária, não se interessavam pela situação do peão, não possuíam propostas sociais que a estes favorecessem e eram profundamente anticlericais, traço característico dos liberais mexicanos desde o século XIX.

Por sua vez, as forças camponesas integrantes da Divisão do Norte e comandadas por Francisco "Pancho" Villa, compostas por cerca de trinta mil soldados, eram heterogêneas, formadas por camponeses, mineiros, vaqueiros, ferroviários, desempregados e bandidos, todos imbuídos de um vago projeto social. O Exército do Sul contava com quinze mil soldados regulares e aproximadamente dez mil guerrilheiros, todos habitantes do estado de Morelos e arredores, em sua maioria camponeses e pequenos proprietários. Possuíam um projeto social explicitado no Plano Ayala, que propunha a devolução aos *pueblos* das terras expropriadas durante o governo de Díaz pelas grandes fazendas estatais de açúcar, como vimos anteriormente.

Apesar de existirem grupos independentes, estas eram as principais forças militares do país em outubro de 1914. Foram estes grupos heterogêneos que fizeram a primeira tentativa de estabelecer um ordenamento jurídico para o país, com a convocação de uma Convenção Revolucionária, a se reunir na Cidade do México, a partir daquela data.

Com a vitória militar da coalizão de forças opostas ao governo de Huerta e dissolvido o Exército Federal, a grande tarefa que se assomava no horizonte dos revolucionários mexicanos era reorganizar o Estado, e isto passava pela pacificação do país mediante a realização de um grande acordo entre as diversas facções em luta. Coube a Álvaro Obregón, mais à esquerda dentro do espectro político do carrancismo, exercer um papel fundamental na tentativa de manter a unidade e de convencer tanto os representantes villistas como os carrancistas a cumprirem o Pacto de Torreón. Este pacto selara o acordo entre Francisco Villa e Venustiano Carranza, no qual ficara estabelecido que, assim que fosse derrubado o governo ditatorial de Victoriano Huerta, seria convocada uma Convenção das tropas revolucionárias para discutir as eleições e demais assuntos de interesse geral. A Convenção Revolucionária Mexicana iniciou seus trabalhos no dia 1º de outubro de 1914. Todos os militares envolvidos na luta contra Huerta teriam participação, representados por delegados eleitos na proporção de um para cada mil revolucionários. A convenção se realizaria na Cidade do México, no recinto da Câmara dos Deputados.

A princípio, os villistas recusaram-se a comparecer, alegando que a capital não era um local neutro. A Convenção Revolucionária, no intuito de aglutinar as forças, aprovou a mudança de local e escolheu a cidade de Aguascalientes. Assim, no dia 10 de outubro, reiniciaram-se os trabalhos no Teatro Morelos. As diversas facções revolucionárias foram convidadas a enviar representantes. Existiam cinco grupos distintos: os carrancistas, os villistas, um terceiro grupo de 26 delegados zapatistas que chegaram apenas no dia 26 de outubro, um quarto grupo de delegados obregonistas (a ala da esquerda do carrancismo ou, como foram chamados depois, jacobinos) e, por fim, um grupo de representantes "independentes". Faziam parte desta Convenção 57 generais, governadores militares, 95 representantes de tropas e mais a delegação zapatista, que possuía direito de voz, mas não de voto. Portanto, a convenção ficou restrita aos elementos militares, deixando de fora os civis que, em grande parte, apoiavam Carranza.

A Soberana Convenção, título conferido no primeiro dia de atuação para marcar a posição de independência dos diversos grupos políticos, na tentativa de resolver as rivalidades entre os vários líderes, votou pela renúncia simultânea dos três principais: Carranza, Villa e Zapata. O primeiro não reconheceu a autoridade jurídica da assembleia e retirou-se para Veracruz.

O novo presidente provisório, Eulálio Gutiérrez, reconheceu Villa como chefe da Divisão do Norte e Zapata como chefe do Exército do Sul. Obregón e seus delegados optaram por permanecer ao lado de Carranza e abandonaram a assembleia. Depois que Carranza deixa a capital, as tropas que apoiavam a Convenção, basicamente zapatistas e villistas, ocupam a Cidade do México, o que ocorreu nos dias 24 e 25 de novembro de 1914.

Com a Cidade do México desocupada pelas forças constitucionalistas, a Convenção transfere-se para a capital, a partir de 1º de janeiro de 1915. Essa mudança para a Cidade do México foi uma das muitas que se realizaram até sua dissolução completa, em outubro de 1915. A Convenção significou a união das facções villista e zapatista por alguns meses, porque depois houve desentendimentos que causaram uma ruptura entre elas. Essa união temporária permitiu a ocupação do poder central.

No processo revolucionário mexicano, o Exército do Sul representou a evolução mais profunda das lutas camponesas ao longo da história desse país. Deve-se aos camponeses indígenas e mestiços de Zapata, mais do que a qualquer outro dos grupos revolucionários, a orientação fundamentalmente agrária da Revolução Mexicana. Graças a eles, a Revolução assumiu as proporções de uma revolução social, visto que os demais movimentos revolucionários eram antes de tudo políticos.

Por que Morelos representa um fator decisivo na Revolução? Por aspectos econômicos, históricos e culturais. Logo após a conquista, essa região foi transformada no Marquesado del Valle de Cortés, que só compreendia indígenas e excluía os brancos. Ainda no período colonial, os marqueses tinham o direito de alienar as terras; assim, elas foram fragmentadas e vendidas para capitalistas, que ali implantaram engenhos de açúcar, dando origem a uma rica classe proprietária. No início do século XX, essa região ainda era densamente povoada por indígenas e, por isso, concentrava abundante mão de obra, característica fundamental para o desenvolvimento de engenhos de açúcar. Suas terras quentes e férteis estavam próximas da capital e eram propícias ao cultivo de cana-de-açúcar.

Devido a essa história particular, era constante a tensão entre as comunidades indígenas e as *haciendas*, em função do avanço destas sobre as terras comunais. O processo de modernização das *haciendas* açucareiras de Morelos fez surgir uma pressão pelas terras e pela mão de obra indígena, aumentando exponencialmente durante o governo de Porfírio Díaz. Assim, os indígenas se transformaram em peões e, como não conheciam a greve, partiram para a forma de luta que conheciam: os levantes e as rebeliões rurais. O movimento zapatista seria o último elo de uma longa cadeia de rebeliões camponesas ocorridas no final do século XIX por todo o território mexicano, como define muito bem o historiador François Chevalier em seu artigo clássico, no qual afirma:

> De modo que o levante zapatista não é um fenômeno isolado, extraordinário e único como nos apresentam alguns historiadores da Revolução Mexicana, porque parece melhor como a explosão da zona mais crítica, deste profundo mal-estar social, cujas manifestações mais evidentes haviam sido a bandidagem (endêmica no Estado de Morelos no século XIX), e, sobretudo a sucessão quase ininterrupta de insurreições de indígenas e de camponeses, por motivos essencialmente agrários. (Chevalier, 1960, p.168)

A princípio, a rebelião zapatista assemelhava-se aos movimentos camponeses tradicionais: os rebeldes lutavam para recuperar a terra perdida pelas comunidades, contando com o apoio da forte tradição comunitária coletiva que remete ao *calpulli* pré-hispânico, no qual não existia o individualismo. Como o movimento camponês possuía então fortes vínculos comunitários, muitos intérpretes viram nesse grupo um localismo exacerbado. Seus membros destacavam-se por suas vestimentas e tradições marcadamente indígenas. Utilizavam a tática guerrilheira, em que o comandante era escolhido entre os mais corajosos ou enérgicos e, apesar de não possuírem uma organização centralizada, tinham uma intendência e um setor de finanças central. Recebiam forte apoio das comunidades, sob a forma de alimentos e reconhecimento do terreno, ao mesmo tempo em que davam continuidade ao trabalho agrário (plantio e colheita). Seus líderes demonstravam profundo respeito e simpatia pela Igreja, pelo clero e pela religião. Cabe destacar que enfrentavam o antagonismo e o forte preconceito da população urbana branca, a "gente de razão", que via nessas populações mestiças e indígenas zapatistas do meio rural uma força elementar, cega e desprovida de razão.

O líder dessa facção era Emiliano Zapata. Cabe dizer que este não era um camponês típico. Possuía instrução primária, sua inteligência era intuitiva e era dotado de grande sensatez. Provavelmente, era um mestiço de sangue negro, que falava com os indígenas de igual para igual. Na realidade, sua origem advém de líderes comunitários de Anenecuilco e da Villa de Ayala e por isso não vestia, no cotidiano, nem a manta branca, nem as sandálias de *huaraches,* típicas dos camponeses do sul do México. Usava habitualmente o "traje de charro", com calças justas, grandes esporas, jaqueta curta e *sombrero galoneado* (decorado). Seus generais logo começaram a seguir esse modelo de vestimenta. Zapata era um tratador de cavalos, o que não implica uma desvinculação com a população que lidera. Era um indivíduo do campo e, portanto, estava inserido na sua tradição camponesa. Tornou-se soldado a contragosto e viveu na Cidade do México por um curto período, como tratador de cavalos de um rico proprietário. Portanto, apesar de ser um homem do campo, possuía experiência urbana. Seus contemporâneos o descrevem como um exímio ginete.

O pensamento político de Zapata é fruto da inspiração popular e rural. Posteriormente, derivou para uma posição mais radical e jacobina ou socializante, influenciado provavelmente por Antonio Díaz Soto y Gama. Essa mudança levou à ratificação do Plano Ayala, que significou uma radicalização da proposta de reforma agrária.

A outra ala das forças camponesas é complementada pelo movimento liderado por Francisco "Pancho" Villa, no norte. O movimento villista desenvolve-se geograficamente na região serrana e dos desertos da fronteira mexicana ao norte e, de certa forma, retoma aspirações de independência ou autonomia que vinham desde o século XVIII. Muitos habitantes mais antigos dessa região remontam aos descendentes dos colonos militares que para lá foram deslocados, ainda no período de domínio espanhol, para colonizar a região. Essa parte do México, desde então, caracterizou-se pela baixa densidade populacional e a escassa presença de populações indígenas, em função das dificuldades de sobrevivência devido à inexistência de terras férteis e à escassez de água.

Como mencionamos anteriormente, a região começou a mudar com a integração da economia mexicana à norte-americana, o que atraiu uma grande quantidade de mão de obra, levando ao nascimento de cidades, que surgiam praticamente do nada, e à formação de uma classe trabalhadora constituída principalmente de mineiros e ferroviários. No âmbito rural, surgiu uma espécie de classe média de pequenos proprietários, chamados *rancheros*, e a camada dos trabalhadores agrícolas, em especial vaqueiros. Essa população desenvolveu uma prática militar e de cavalaria nos embates com as populações indígenas belicosas, gradativamente subjugadas, e também na lide com o gado. Tais atividades criaram a tradição de uso de armas de fogo, ao mesmo tempo em que concederam grande autonomia à população local, que se via obrigada a constantes deslocamentos causados pelas lutas com os índios ou pela busca de novas pastagens.

A falta de apoio governamental e o domínio de uma elite econômica, em alguns casos neófita, somados à crise econômica fizeram com que muitos respondessem ao chamado revolucionário de Madero, dando origem a diversos líderes com seus respectivos "exércitos" da Revolução, tais como Pascual Orozco, Abraham González e Álvaro Obregón, para citar os mais conhecidos. Dentre eles, José Doroteo Arango, ou Francisco Villa, destacou-se como um dos líderes revolucionários mais carismáticos. Nascido em Durango em 1878, tinha sido arrieiro, soldado e bandoleiro, acusado de roubar gado.

Villa foi uma figura ambígua, de ampla publicidade dentro e fora do México. Seu caráter contraditório e esquivo contribuiu para torná-lo uma personalidade confusa e multifacetada. Encarnou o machismo mexicano e hispânico, mas também correspondia a imagens positivas da invencibilidade, do "*bandido-providencia*", do heroísmo épico. Existem três lendas sobre ele: a lenda branca, que apresenta um Villa vítima tanto do despotismo dos latifundiários como das autoridades porfirianas. Segundo esta versão, ele teria sido forçado a cair na ilegalidade ao chegar a sua casa e encontrar o fazendeiro para quem trabalhava assediando sua irmã. Movido pela fúria atirou e feriu-o no pé. Denunciado como agressor, fugiu para as montanhas, onde viveu como foragido. Foi preso algumas vezes, mas escapou; tentou viver legalmente, mas, tendo sido reconhecido, voltou à marginalidade e começou a roubar cavalos. Aqui, Villa aparece como uma vítima do sistema social e econômico do México, homem honrado e digno, que não podia tomar outro caminho. Essa interpretação foi baseada principalmente no livro *Memórias de Pancho Villa*, de Martín Luis Guzmán.

A lenda negra retratou-o como um bandido sanguinário, assassino sem escrúpulos e ladrão de gado. Nessa versão, ele integrou-se à Revolução por mero acaso, pois estava visitando uma namorada num rancho quando as tropas federais, acreditando que alguns revolucionários ali se encontravam escondidos, atacaram a localidade. Villa, convencido de que era o verdadeiro alvo do ataque, respondeu aos disparos e fugiu, unindo-se posteriormente a Pascual Orozco para assim iniciar sua carreira revolucionária. Essa versão foi difundida por Celia Herrera em suas memórias, *Francisco Villa ante la História*. Celia Herrera era de uma família tradicional de Chihuahua que teve um integrante morto por Villa.

Já na lenda épica, erigida ao longo da própria Revolução, Villa aparece como um herói popular antes mesmo da eclosão do movimento. Villa já então seria um herói do campesinato, uma espécie de Robin Hood mexicano, que roubava os grandes latifundiários e ajudava a população mais pobre da sua região.

Essa imagem foi construída e difundida pelas canções populares e em grande medida por John Reed, jornalista estadunidense, em suas reportagens publicadas nos Estados Unidos e, posteriormente, em seu livro *México Insurgente.*

As tropas de Villa foram formadas por uma massa de soldados camponeses, mas também por ex-oficiais de origem pequeno-burguesa, pobres da província, militares de formação, mineiros, ferroviários e bandidos. No que toca aos camponeses da Divisão do Norte, suas aspirações à terra não estavam baseadas nas antigas comunidades, como no sul. O norte do México era composto de pequenas e médias propriedades (*rancherías*), e as leis agrárias villistas refletem uma preferência por essa forma de propriedade da terra. O amplo espectro que conformava suas tropas refletia a heterogeneidade das forças villistas.

Os objetivos sociais do movimento villista são mais difusos que os do movimento sulista, mas sem dúvida ainda possuíam algum projeto social. Os villistas pretendiam confiscar as terras de grandes fazendeiros e realizar uma reforma agrária limitada aos soldados e aos antigos colonos. Porém, não existia uma pressão pela reforma agrária tão forte como em Morelos. Eles também buscavam ampliar o crédito para os colonos arruinados e previam o pagamento de uma pensão para as viúvas e os órfãos da revolução. Durante o tempo em que dominaram vastas regiões, não ocorreu qualquer mudança na estrutura agrária e seus interesses convergiam para fins militares. Muitas fazendas expropriadas foram mantidas em funcionamento para suprir as necessidades de seu exército. Com este objetivo, dedicaram-se ainda à venda de gado para os Estados Unidos. Nesse sentido, a fronteira oferecia condições que os diferenciavam dos zapatistas. Usavam a estratégia de luta da guerra de posições clássicas, ao contrário dos zapatistas. Também durante um bom tempo, os villistas respeitaram as propriedades de norte-americanos. Devido à sua autonomia, os exércitos ligados à Divisão do Norte possuíam grande flexibilidade de deslocamento para outras regiões, embora fossem limitados por sua dependência das linhas de suprimentos. Além disso, suas tropas não interrompiam as atividades militares para cuidar do campo, como ocorria com os exércitos zapatistas. Outra diferença era o anticlericalismo dos villistas, que contrastava com a religiosidade das tropas de Zapata.

Por fim, cabe dizer que o movimento villista foi radicalizando suas posições políticas ao longo da guerra civil. Seu rompimento com Carranza e a aproximação aos zapatistas representou a ascensão social dos camponeses ao domínio do poder central. Surgia naquele momento uma clara divisão de classes: de um lado, as forças camponesas; do outro, as forças burguesas e pequeno-burguesas. Essa divisão se expressava nas questões relativas à propriedade da terra e às reformas sociais. A aliança de Villa e Zapata levou ao ponto culminante da revolução popular e social.

Assim, em dezembro de 1914, as forças da Convenção, ou seja, os exércitos camponeses comandados por Francisco Villa e Emiliano Zapata, ocuparam a Cidade do México. Foi durante esse período que Emiliano Zapata reiterou o oferecimento feito anteriormente aos irmãos Flores Magón para que publicassem o jornal *Regeneración* em domínios zapatistas, principalmente porque, nesse momento, controlavam a fábrica de papel de San Rafael. Os magonistas mantiveram excelentes relações com os zapatistas entre 1912 e 1916, mas não aceitaram o convite. Foi, a seu modo, uma tentativa de estabelecer uma aliança operário-camponesa. Embora os magonistas não tenham aceitado o convite de Zapata, as relações entre o movimento operário organizado e o zapatismo se tornaram mais sólidas. Essa colaboração foi mais intensa com o Sindicato Mexicano de Eletricistas, que apoiou a administração zapatista da capital. Esse projeto de organização político-social envolveu grupos não vinculados ao constitucionalismo.

A Convenção estabeleceu um Poder Judiciário do Distrito Federal e posteriormente foi formado um Conselho Executivo da República Mexicana, com um presidente e um Conselho de Governo, que passou a legislar para todo o território nacional, o que nega a tese de localismo do movimento zapatista. O

Conselho Executivo legislou além da reforma agrária, criando uma lei eleitoral e estabelecendo autonomia municipal, direitos trabalhistas, tais como o direito de greve, a jornada de oito horas, liberdade de associação, o fim das *tiendas de raya*[3] e leis fiscais. Enfim, houve a produção de uma extensa legislação em várias áreas, na tentativa de organizar um verdadeiro Estado com a constituição de um Exército, uma rede de educação, relações exteriores, sistemas de comunicação, agricultura, Fazenda e Justiça, além de fundar um banco para o crédito rural.

No final de janeiro, as tropas de Obregón retomaram a cidade para as forças constitucionalistas. Em seguida, os operários lançaram uma ofensiva combinada com os zapatistas. A Federação de Sindicatos do Distrito Federal convoca uma greve geral, que é rapidamente reprimida com a decretação da pena de morte e a prisão de seus líderes. Carranza e os líderes constitucionalistas perceberam que a greve fazia parte de um plano mais amplo e a coalizão constitucionalista percebeu o perigo. Sob a pressão dos acontecimentos e, em especial, da ala jacobina do constitucionalismo, liderada por Obregón, Carranza abandona sua posição em matéria de legislação social. Lança uma dupla ofensiva: militar e política. A militar tinha por objetivo o combate ao zapatismo; a política, com a lei agrária carrancista de 6 de janeiro de 1915, procurava arrebatar dos zapatistas o monopólio da iniciativa da reforma agrária.

O ideal zapatista de reforma agrária exerceu pressão para que fossem votadas tanto essa lei como as demais leis sociais da nova Constituição. O anticapitalismo empírico ou, como

---

[3] As *tiendas de raya* eram estabelecimentos de crédito, similares aos nossos armazéns, para o abastecimento de camponeses e operários que viviam perto de fábricas e fazendas. Esse nome deriva do fato de que, por serem praticamente todos analfabetos, em vez de assinar seu nome traçavam uma linha. Era uma forma de mantê-los presos à fazenda, pois eram obrigados a fazer todas as suas compras nesses locais, mesmo quando recebiam salário. Foi uma forma suplementar de extrair o excedente econômico dos trabalhadores. No México, o auge dessa prática ocorreu no final do século XIX, durante o governo de Porfírio Díaz.

alguns dos seus críticos chamavam, o "socialismo bárbaro" de Zapata foi uma experiência concreta, especialmente em Morelos. Como afirma Adolfo Gilly, com muita propriedade, os zapatistas estabeleceram uma comuna camponesa ou Comuna de Morelos.

> Durante todo o ano de 1915, os camponeses de Morelos viveram uma experiência única na história do México: estabeleceram seu próprio poder, ditaram suas leis através de um governo que se apoiava em suas armas, as aplicaram mediante seus órgãos de autogoverno – os *pueblos* –, designaram nestes seus dirigentes locais, expropriaram terras e engenhos. (Gilly, 1993, p.205)

Para mostrar a determinação dos constitucionalistas com essa mudança de estratégia política, enviaram o general Alvarado para Yucatán, como comandante militar, em março de 1915. Ali ele implantou uma série de reformas sociais, conquistando o apoio dos camponeses e contrariando os fazendeiros locais. Os recursos obtidos com a venda do sisal serviram para fortalecer o caixa das forças constitucionalistas. A experiência tanto de Salvador Alvarado (1915-1918) como, posteriormente, de Felipe Carrillo Puerto (1922-1924), no papel de governadores de Yucatán com o Partido Socialista do Sudeste (PSS), foi muito interessante e justifica uma análise detalhada do que se passou nessa região onde a Revolução teve feições próprias.

Ao final do século XIX, a maioria dos *pueblos* maias da região tinha perdido suas terras para os grandes latifúndios produtores de sisal. Sem terras, essa população foi submetida ao domínio dos grandes proprietários, o que levou à proletarização e ao isolamento desses camponeses. Tal situação só foi rompida pela Revolução, que veio de fora, com a chegada das tropas de Alvarado.[4] Suas leis de claro conteúdo social estiveram em sintonia com os artigos mais progressistas da Constituição de 1917, tais como os relativos à reforma agrária e aos direitos

---

[4] Essa expressão foi tirada do trabalho de Joseph (1982).

trabalhistas. Alvarado criou escolas e universidades, além de estimular a organização dos trabalhadores por meio do apoio à formação de sindicatos. Foi importante para sua atuação política o apoio de um grupo de intelectuais socialistas, em geral jornalistas, professores e alguns sindicalistas, oriundos de uma pequena burguesia do Estado, com destaque para Felipe Carrillo Puerto. Em 1917, Alvarado foi designado comandante militar de outra região do país e, embora Carlos Castro Morales tenha sido escolhido para governador pelo Partido Socialista Obrero de Yucatán, as medidas reformistas perderam força, sendo retomadas apenas com a eleição de Carrillo Puerto em 1922.

Na capital, onde Obregón selou o pacto com os operários por meio da expurgada Casa del Obrero Mundial (COM): em troca de concessões aos trabalhadores urbanos, estes apoiariam os constitucionalistas formando batalhões vermelhos de operários para lutar contra os camponeses. Este pacto só foi possível após a expulsão da ala radical da associação, principalmente os representantes do Sindicato Mexicano dos Eletricistas, que apoiavam os camponeses zapatistas. Embora os batalhões de operários tenham sido apenas uma força secundária na luta contra as forças camponesas, o que contou foi o valor simbólico da aliança dos trabalhadores urbanos com os constitucionalistas.

Por seu turno, durante o ano de 1915, as forças camponesas da Divisão do Norte, o exército villista, sofreram derrotas decisivas para o futuro de suas ambições nas batalhas de Celaya, Léon e Aguascalientes, contra as forças constitucionalistas dirigidas por Álvaro Obregón, que haviam unido os exércitos do Noroeste e do Nordeste. Em agosto, estes tomaram definitivamente a capital e, em outubro daquele ano, o governo de Carranza foi reconhecido internacionalmente. A derrota política e militar dos villistas e dos zapatistas – ainda que não definitiva – e as vitórias da ala burguesa – os constitucionalistas – marcaram o fim da fase heroica da revolução camponesa. Os objetivos dos constitucionalistas eram agora, além de derrotar definitivamente os exércitos camponeses, atingir a estabilidade política e promover o desenvolvimento da economia, evitando o perigo de uma nova ascensão das camadas populares e do velho regime. A derrota das forças camponesas representou para os constitucionalistas a ruptura com a ala mais radical da revolução.

O ano de 1915 foi um dos mais intensos da história mexicana e talvez o mais decisivo do processo revolucionário. Foi o ano de uma grande experiência popular na Revolução, com a formação de grandes exércitos, a tomada do poder central e o início da criação de uma estrutura política revolucionária. Mas foi também o período das derrotas das forças populares. Marcou o início da construção da nova hegemonia com os pactos entre constitucionalistas e operários e as primeiras leis agrárias de Carranza, assim como o triunfo do jacobinismo nortista. Foi também o período em que os habitantes das cidades descobriram o México rural profundo. E foi em 1915 que o México afrancesado da capital, positivista, naturalista, dos velhos romancistas, tornou-se o México áspero e cru das novas gerações, da Revolução, que representou uma catarse de descobertas do que era nacional.

Derrota popular e vitória das novas elites: 1915-1920

Essa última fase da Revolução foi, principalmente, uma luta contra os já enfraquecidos exércitos camponeses e um embate pela construção das estruturas do novo Estado. O ano de 1915 representou um recuo das forças camponesas do Sul e do Norte e uma reconquista do território nacional pelas tropas dos exércitos do Nordeste e do Noroeste. As forças camponesas ficaram separadas geograficamente e nunca voltaram a se reunir. Não obstante, os rebeldes villistas e zapatistas mantiveram-se atuantes nos núcleos de suas regiões. Obregón celebrou alianças com a Casa del Obrero Mundial, organização sindical que aglutinava os sindicados mexicanos do período, buscando uma maior base social de sustentação ao governo Carranza. Mas, logo após a vitória sobre os camponeses, o governo, que não precisava mais dos trabalhadores, passou a reprimi-los. Os batalhões vermelhos foram dissolvidos e os dirigentes da COM foram presos.

A reconstrução nacional não foi fácil devido à fragmentação militar regional de alguns generais que passaram a dominar alguns Estados. Podemos afirmar, resumidamente, que no campo constitucionalista existiam três grupos desses generais: os que apoiavam Carranza (Cándido Aguilar e Cesáreo Castro); os independentes (Álvaro Obregón e Pablo González); e outros, gozando de relativa autonomia, acantonados em redutos regionais (Plutarco Elias Calles, em Sonora; Luis Caballero, em Tamaulipas; Manuel Diéguez, em Jalisco; Jesus Castro, em Oaxaca, e Salvador Alvarado, com o seu Partido Socialista, em Yucatán).

O ano de 1916, apesar da retomada de algumas atividades tanto por parte de Villa, em Chihuahua, como de Zapata, em Morelos, foi marcado pela ampliação do controle militar e político do governo estabelecido. Foi nesse contexto que Pablo González e Álvaro Obregón fundaram o Partido Liberal Constitucionalista (PLC) e, em setembro, foram convocadas eleições para uma Assembleia Constituinte, a ser realizada em Querétaro, entre dezembro daquele ano e janeiro de 1917. A Constituinte visava encerrar o ciclo revolucionário e ficava reservada à ala burguesa vitoriosa da Revolução.

Nesse período, o fracionamento dos constitucionalistas se torna mais claro: de um lado encontrava-se um grupo radical, ligado a Obregón, e outro conservador, ligado a Carranza. Este último reprimiu algumas greves e perseguiu alguns intelectuais. O carrancismo contava com apoio de alguns intelectuais que, em geral, eram de uma veia conservadora e não originários do meio revolucionário. Provinham dos círculos burocráticos do velho regime, como Luis Cabrera, Félix Palavicini, Alfonso Cravioto e Luis Manuel Rojas. Em realidade, o círculo íntimo de políticos ligados a Carranza era de origem civil e, por meio de intrigas e disputas políticas, procuravam afastar Obregón e outros líderes militares por eles considerados rudes e de pouca instrução ou simplesmente radicais. Daí foi um passo para a repressão dos sindicatos de operários e para uma aproximação e aliança com os antigos grandes proprietários de terras, o que em muitos aspectos representou um obstáculo ao avanço da reforma agrária.

A Assembleia Constituinte contou com a participação de aproximadamente duzentos deputados. Sua condução foi a princípio carrancista, depois substituída pelos obregonistas. Muitos estudos dessa Constituinte dividem-na em uma ala liberal, ou jacobina, e outra conservadora, embora tal divisão política não fosse tão simples. As alianças ocorreram muito mais por vínculos pessoais e regionais que ideológicos. É difícil definir com precisão os deputados progressistas e liberais de acordo com critérios precisos de origem social, posição econômica, idade, condição civil ou militar. Podemos estabelecer as posições políticas dos delegados muito mais segundo critérios de procedência regional. Participaram desse grupo homens que posteriormente encontraremos no governo de Lázaro Cárdenas.

Os jacobinos, provenientes do noroeste e da costa do Golfo, defendiam uma maior intervenção na economia e reformas sociais. Os conservadores aproximavam-se de Carranza e eram originários de Coahuila e do centro do país. Os delegados dessa ala, formada por uma elite civil, acreditavam em métodos tradicionais de estabilização social e defendiam poucas mudanças em relação à Constituição de 1857. Não acreditavam em reformas sociais e se batiam por um Estado que tivesse pouca capacidade de intervenção na esfera econômica e social. Defendiam instituições semelhantes à de países como a Inglaterra e os Estados Unidos. Seu principal líder era Félix Palavicini. Prevaleceram as propostas da ala jacobina e, promulgada a Constituição, foram convocadas eleições, pelas quais Venustiano Carranza foi eleito para o mandato de 1917 a 1920. O Partido Liberal Constitucionalista elegeu também todos os deputados para a Câmara Legislativa.

A Constituição de 1917 foi aprovada no dia 31 de janeiro de 1917, às vésperas da revolução russa de fevereiro, e pode-se afirmar que foi uma das mais avançadas da época. Os artigos fundamentais da constituição são o 3º, que trata da educação; o 27º, sobre a posse da terra e do subsolo; o 123º, sobre os direitos dos trabalhadores; e o 130º, sobre a secularização dos bens da Igreja. Basicamente, a nova Carta trata das garantias democráticas; da organização jurídica; da eliminação da participação religiosa na educação; da reforma agrária e da proteção à pequena propriedade e às terras comunais; da nacionalização das riquezas do subsolo; do estabelecimento de limites à propriedade, submetendo-a ao interesse social; e da delimitação dos direitos e garantias ao trabalhador. Uma reflexão pertinente é que essa constituição avançada só foi possível devido à pressão e às batalhas de camponeses e operários durante a revolução. Ela expressa, mesmo que indiretamente, as aspirações das camadas populares mexicanas. A ala mais radical da burguesia mexicana tinha noção de que devia incorporar até certo ponto as demandas dos movimentos de massa e que só assim seria possível pacificar o país.

A partir da posse de Carranza, em maio de 1917, pode-se falar num governo constitucional. A economia mostrava sinais de recuperação pelo aumento da demanda dos produtos mexicanos, principalmente motivada pela guerra na Europa e também por uma maior arrecadação de impostos. De sua parte, o governo mostrou-se profundamente conservador. Devolveu terras expropriadas aos seus antigos donos, continuou a repressão aos movimentos sindicais e não colocou em vigor a Constituição; pelo contrário, propôs leis revendo alguns dos artigos mais progressistas. Nos estados, vários generais foram eleitos governadores das respectivas regiões onde eram comandantes.

Mesmo numa fase de declínio e numa guerra defensiva tanto no sul como no norte, os camponeses ainda mostravam algum fôlego, embora entre os zapatistas o desgaste de anos de luta fosse evidente. Em abril de 1919, Emiliano Zapata foi morto numa emboscada e a ala mais moderada dos zapatistas, encabeçada por Gildardo Magaña, se impôs. Em novembro, este assina a rendição a Carranza. No norte, influenciado pelo general Felipe Ángeles, Villa lança o Plano do Rio Florido, que propunha uma volta à constituição de 1857, ou seja, um retrocesso político.

Entre novembro de 1918 e junho de 1920, ocorreu uma onda de violência, em parte resultado da disputa política pelo poder entre Obregón e Carranza. Durante todo o seu período governamental, este procurou neutralizar o poder político de Obregón, principalmente no que dizia respeito a sua influência entre os generais e demais militares revolucionários. O seu pedido de adiamento das candidaturas visava conseguir mais tempo para a consecução de seu intento. A retirada de Obregón para a vida privada, como fazendeiro, foi também uma estratégia política deste a fim de permitir maior campo de manobra e representou o rompimento entre dois dos grandes líderes da Revolução. A apresentação da candidatura de Obregón foi apenas a concretização de seus objetivos anteriores. Durante a campanha, este fez duras críticas à administração de Carranza. Lançou um manifesto à nação em 1º de junho de 1919, no qual procurou mostrar que estava vinculado à tradição dos partidos e das ideias liberais mexicanas, que remontava à independência, sugerindo que Carranza, ao contrário, estava vinculado aos conservadores. Segundo Obregón, o problema dos liberais no México era sua divisão em várias facções e, para solucionar tal dificuldade, a maior tarefa política era a fundação de um Grande Partido Liberal que unisse as diferentes correntes. Esse era um prenúncio do Partido da Revolução, que seria criado em 1929.

Em maio de 1918, foi criada a Confederación Regional Obrera Mexicana (CROM) em Saltillo, capital de Coahuila, berço político de Carranza e contando com seu apoio. O local escolhido foi estratégico, distante o suficiente da Cidade do México onde estavam os sindicatos mais radicais. Foi eleito como diretor Luis Napoleón Morones, posteriormente fundador do Partido Laborista Mexicano e líder sindical pelego do governo Obregón e Calles.

Após o lançamento da candidatura de Obregón pelo Partido Liberal Constitucionalista e de sua campanha política pelo país, outros postulantes se candidataram, tais como o general Pablo González que, contando com o apoio de alguns chefes militares, apresentou-se pela Liga Democrática, e o engenheiro Ignacio Bonillas pelo Partido Liberal Democrático, civilista e antimilitarista. Carranza manobrava para se manter como comandante supremo da política mexicana, apoiando candidatos da sua confiança aos governos estaduais. Mas não obteve muito sucesso entre as camadas populares, pois afinal aparecia como o repressor de camponeses e operários. Ainda fundou o Partido Nacional Cooperativista e lançou um candidato de sua confiança, Alfredo Robles Domingues. Obregón também se manteve atuante, conquistando o apoio de Partido Socialista de Yucatán, de Salvador Alvarado, negociando com a CROM, com o Partido Laborista Mexicano e com Calles, em Sonora. Em março de 1920, selou uma aliança com Magaña e outros líderes zapatistas remanescentes, obtendo seu apoio.

Numa última tentativa de solapar a campanha política de Obregón, Carranza decretou uma intervenção militar no estado de Sonora, sob pretexto de que o governo estadual não tinha se submetido às decisões federais no que dizia respeito ao rio Sonora, declarado propriedade da nação. As autoridades locais, claramente obregonistas, representadas por seu governador, Adolfo de La Huerta, não aceitaram tal decisão. Quando foi indicado um interventor como novo comandante militar para o estado, o governador e o comandante das forças do Estado, o general Plutarco Ellias Calles, rebelaram-se e lançaram a Revolução Constitucionalista Liberal, explicitando os objetivos do movimento por meio do manifesto denominado "Plano de Agua Prieta", em 22 de abril de 1920. Era o início da Revolução Constitucionalista Liberal.

O comando das tropas ficou a cargo de Adolfo de la Huerta, governador de Sonora. Pablo González, procurando antecipar-se a Obregón, tentou dar um golpe, tendo como base o estado de Puebla, no centro-sul do país, sua principal base de apoio no Exército. A sua convocação aos militares caiu no vazio, pois as alianças feitas anteriormente por Obregón já haviam atraído a maioria dos generais. O presidente, seu ministério, o Supremo Tribunal e muitos congressistas embarcaram num trem rumo a Veracruz, esperando reorganizar suas forças. Nunca chegaram a essa cidade e, na região de Puebla, foram cercados. Carranza e seus seguidores mais próximos tentaram fugir a cavalo, mas foram aprisionados e mortos.

No dia 12 de maio, Obregón e González selaram um acordo em que os dois reconheciam De la Huerta como presidente provisório. Em julho, Francisco Villa assinou acordo para a deposição das armas em Sabinas e retirou-se para uma fazenda em Durango. O ano de 1920 marcou o último levante vitorioso de uma facção regional, aglutinada em torno de um grupo de sonorenses liderados por Obregón, e representou o fim do período de conflito armado da Revolução. A campanha político-militar de Obregón constituiu-se na realização de uma série de acordos com outros revolucionários, mas foi também marcada por expulsões, exílios espontâneos e mortes: os felicistas, que atuavam desde meados de 1916 no estado de Oaxaca como facção independente, depuseram as armas e seu líder, Félix Díaz, exilou-se, enquanto Manuel Peláez, Fernández Ruiz e Pablo González fizeram acordos e foram incorporados à vida política mexicana. Quanto ao Exército do Sul, Gildardo Magaña e Genovevo de la O, últimos líderes remanescentes do zapatismo, aderiram ao Plano de Agua Prieta e desfilaram junto com as tropas vencedoras na capital.

De la Huerta foi designado presidente provisório em maio de 1920 e convocou eleições para setembro. Obregón disputou o pleito por uma coligação de partidos e ganhou o pleito contra Robles Dominguez. A chegada ao poder de De la Huerta e, em seguida, de Obregón marcaram a imposição do domínio político do que veio a ser conhecido como "dinastia sonorense". Álvaro Obregón foi o caudilho apto a amealhar os fios que o carrancismo perdia. Era ele o homem capaz da conciliação jacobina, com camponeses, operários e os generais revolucionários.

3. Estabilização política e revolução tardia: 1920-1940

A dinastia sonorense: 1920-1934

A década de 1920 e os primeiros anos da seguinte foram a época da estabilização política e da consolidação da Revolução. Esse período ficou conhecido como os anos da Reconstrução Nacional e foi dominado pelos presidentes sonorenses: Adolfo de La Huerta (1920), Álvaro Obregón (1920-1924) e Plutarco Elias Calles (1924-1928). Entre 1928 e 1934 o país teve três presidentes, mas Calles foi o chefe "máximo" que esteve por trás destes e manteve o poder da dinastia sonorense. Foi durante estes anos que se consolidaram as bases do Estado pós-revolucionário que permitiriam sua notável estabilidade política. Houve nesse período duas fases distintas: os anos entre 1920 e 1934, com a hegemonia sonorense, e o governo de Lázaro Cárdenas, entre 1934 e 1940.

O grupo político sonorense tinha hábitos seculares anticlericais. Seus membros eram extremamente pragmáticos e não titubeavam em utilizar a violência para atingir seus objetivos. Em parte devido a essa postura, eclodiram alguns conflitos contra a Igreja Católica, as companhias petrolíferas e no seio da própria "família revolucionária", com as insurreições de 1923, 1927 e 1929 e as crises sucessórias de 1928 e 1929. Esta foi a década da formação do Estado mexicano moderno.

O governo de Álvaro Obregón, entre 1920 e 1924, foi marcado por problemas nas relações entre o México e os Estados Unidos. Estes se recusavam a reconhecer a nova administração enquanto ela não resolvesse a questão petrolífera, afetada pela nova Constituição, que dava amplos poderes ao Estado sobre as riquezas minerais. Como as companhias petrolíferas se julgavam prejudicadas por esse dispositivo, queriam que a lei valesse apenas para os novos campos e que houvesse uma compensação financeira pelas perdas sofridas. Internamente, a nova administração buscava o restabelecimento de uma autoridade federal, perdida com os anos de luta.

Procurou também estabelecer uma ampla base social, atraindo para sua órbita de influência organizações trabalhistas como a CROM, o Partido Laborista Mexicano, organizações agrárias, como as Ligas Agrárias e o Partido Nacional Agrarista, e o Exército. A ideologia que amalgamava esse amplo leque de apoio era o nacionalismo.

No terreno cultural, a administração de Obregón foi marcada pela indicação de José Vasconcelos para a Secretaria de Educação Pública. Este iniciou uma campanha pela erradicação do analfabetismo, fundou bibliotecas e contratou uma série de artistas para pintarem as paredes de edifícios das repartições públicas, dando origem ao movimento que ficou conhecido como Escola Mexicana de Pintura, ou muralismo.

Foi durante a presidência de Obregón que Felipe Carrillo Puerto tornou-se governador de Yucatán e retomou as experiências de reforma no estado feitas por Salvador Alvarado entre 1915 e 1917. Carrillo Puerto nasceu em Yucatán em 1872. Ainda jovem aprendeu a língua maia e, posteriormente, traduziu a Constituição para este idioma, em 1917. Apoiou os zapatistas e trabalhou como engenheiro agrônomo para uma comissão agrária. Retornou ao seu estado junto com Salvador Alvarado, que o nomeou para diversos cargos. Durante seu governo, realizou uma profunda reforma agrária com a distribuição de mais de seiscentos mil hectares de terras, beneficiando mais de trinta mil famílias. Em nenhum outro estado do México a reforma agrária avançou tanto, talvez somente em Morelos. Promulgou leis de previdência social e trabalhista, além de uma outra que permitia a expropriação de terras para causas sociais. Criou cooperativas de produtores e consumidores e expropriou a indústria do sisal, o que desagradou os grandes fazendeiros locais e internacionais. Obregón e seu ministro do

Interior, Plutarco Elias Calles, não lhe deram o apoio solicitado para armar os camponeses de Yucatán.

Embora nutrisse simpatia pelo marxismo, chegando a manter uma correspondência com Lênin, sua atuação guardava traços do caudilho típico da história mexicana. Seu governo foi considerado um laboratório social da Revolução, no qual se realizaram interessantes experiências com as reformas trabalhistas e educativas. Sua história foi marcada também pelo romance que manteve com a jornalista estadunidense Alma Reed.

Obregón indicou Plutarco Elias Calles como seu sucessor. Esta escolha causou descontentamento dentro das fileiras revolucionárias, pois Adolfo de la Huerta, ex-presidente, supunha que seria o escolhido. Ademais, De la Huerta contava com amplo apoio entre os militares e acabou se rebelando contra o regime no final de 1923.

A rebelião "delahuertista" talvez tenha sido o levante militar que colocou mais em risco o México pós-revolucionário, pois reuniu cerca de metade do efetivo do Exército. Álvaro Obregón procurou evitar a rebelião com mudanças nos mais altos escalões do Exército, afastando aqueles oficiais que poderiam apoiar a sublevação. A polarização política, no entanto, havia atingido um grau que não permitia retroceder e, entre novembro e dezembro de 1923, várias unidades militares se sublevaram, principalmente nas regiões oeste e sudoeste do país. Os estados mais afetados foram Veracruz e Jalisco, mas ocorreram distúrbios também em Oaxaca, Puebla, Chihuahua, Tamaulipas, Tabasco, Chiapas e Yucatán. Durante as lutas desta última rebelião, Felipe Carrillo Puerto foi preso e morto por tropas delahuertistas.

De la Huerta procurou dar um conteúdo social ao seu movimento, lançando uma proclamação política, conhecida como Plano de Veracruz. Alguns generais, governadores e personalidades importantes da política mexicana uniram-se ao levante delahuertista, entre eles Guadalupe Sánchez, de Veracruz, além de Enrique Estrada, Antonio I. Villareal, Cándido Aguilar, o governador de Oaxaca, Manuel García Vigil, e o ex-governador de Yucatán, Salvador Alvarado. Os rebeldes formavam um grupo ideologicamente heterogêneo e não conseguiram imprimir um caráter político ao movimento; o que os unia era o inimigo comum, o governo. A repressão do regime foi rápida e dura e os rebeldes perderam batalhas importantes entre fevereiro e maio de 1924. Ao todo, cerca de sete mil pessoas morreram e muitos oficiais rebeldes foram sumariamente fuzilados. Outros tiveram de abandonar as fileiras das Forças Armadas em virtude do expurgo que atingiu o Exército revolucionário.

Derrotada a rebelião e eleito Calles (1924-1928), o início de seu mandato foi palco de uma polêmica no meio cultural entre os chamados "intelectuais de má-fé", ou seja, aqueles que combatiam o nacionalismo cultural em voga e que, por isso, eram considerados traidores, e os "intelectuais de boa-fé", que davam apoio ao regime e à adotada cultura de forte conteúdo social.

Calles, então com 47 anos, era uma figura até certo ponto obscura na cena política mexicana. Tinha sido governador provisório do estado de Sonora, em 1917, ministro do Interior na administração Obregón e possuía fama de ser radical e socialista. Era homem de confiança de Obregón, que continuou mantendo influência política no governo. Foi dele a ideia de realizar reformas na Constituição, permitindo a reeleição de ex-presidentes e o aumento do mandato de quatro para seis anos. Os generais e candidatos presidenciais às eleições de 1928, Francisco Serrano e Arnulfo R. Gómez, se amotinaram contra tais reformas constitucionais. Ambos foram presos e fuzilados. A morte de ambos evidencia a violência que comandou a prática política mexicana nesse período.

Durante o governo de Calles, eclodiu o conflito com a Igreja que desembocou na *Rebelión Cristera*, entre 1926 e 1927. O anticlericalismo mexicano deve ser visto dentro de um processo mais longo, que remete aos acontecimentos da Reforma em meados do século XIX e que retirou o poder da Igreja. Durante os governos de Porfírio Díaz e de Francisco Madero, não houve maiores problemas com essa instituição. No entanto, a partir do golpe e do governo de Victoriano Huerta, que contou com amplo apoio dos setores católicos, o jacobinismo e o radicalismo dos revolucionários foi exacerbado, com consequências que se materializaram na Constituição de 1917, contendo artigos que proibiam à Igreja o direito de propriedade, impunham limites no âmbito da educação religiosa e restrições à própria atividade dos sacerdotes.

Mesmo antes do governo de Calles, as relações entre Igreja e Estado já eram tensas. Durante o governo de Obregón houve conflitos, principalmente pela rivalidade entre a central sindical CROM, liderada por Luis Napoleón Morones, e as associações sindicais católicas. Se Obregón, com seu pragmatismo político, conseguiu evitar um conflito aberto, o mesmo não se deu com Calles e seu ministro da Indústria, Luis Morones.

O conflito armado ocorreu devido às declarações do arcebispo da cidade do México, José Mora y del Río, ao jornal *El Universal*, em fevereiro de 1926, nas quais rejeitava os artigos constitucionais anticlericais. A reação do governo foi imediata, fechando escolas e conventos religiosos, expulsando sacerdotes estrangeiros e prendendo alguns religiosos. A *Liga de Defensa de la Libertad Religiosa* convocou um boicote econômico contra o governo. A tensão recrudesceu, culminando no conflito aberto de meados de 1926 até 1929, que se estendeu pelos estados de Jalisco, Colima, Michoacán, Guanajuato e Zacatecas. Apesar da influência da liderança católica, o movimento contou com a adesão dos camponeses católicos dessas regiões, que possuíam demandas próprias. A cúpula da Igreja católica do México sempre preferiu uma negociação diplomática com as elites a um confronto aberto e não apoiou completamente a rebelião rural.

A Guerra Cristã foi fruto de uma coalizão rural entre classes sociais distintas que não contavam com uma liderança centralizada e atuavam segundo moldes zapatistas, com base em grupos guerrilheiros com poucas armas e munição. Esse movimento seguia o padrão das revoltas camponesas da Revolução Mexicana. O motivo que levou esses camponeses católicos à rebelião foi sua revolta contra a suspensão do culto e a interferência estatal na autonomia municipal e também na política local. Ou seja, foi mais uma oposição rural contra o recrudescimento do controle estatal da região central do México do que uma rebelião religiosa simplesmente. O confronto perdeu força com os acordos de 1929, entre o novo presidente, Emilio Portes Gil, e a Igreja, acordos intermediados por representantes diplomáticos estadunidenses e chilenos, apesar de persistirem pequenos grupos rebeldes ainda durante o governo de Lázaro Cárdenas, na década de 1930.[1]

O período presidencial de Calles foi marcado ainda pela continuidade da tensão com as companhias petrolíferas e pela não resolução das questões relacionadas aos artigos constitucionais. Essa situação expôs dois problemas do país no período: a ausência de um mecanismo institucional para a escolha dos candidatos presidenciais oficiais e a utilização dessas crises por setores do Exército para tentar impor nomes e influenciar nas escolhas políticas.

Obregón candidatou-se para um novo mandato de seis anos e venceu as eleições. Quando comemorava a vitória, foi assassinado por um militante católico num restaurante nas proximidades da capital. Emílio Portes Gil (1928-1929), um político do estado de Tamaulipas, foi nomeado presidente interino pelo Congresso até a realização de novas eleições, em 1929.

O grupo político ligado a Obregón desconfiava que o assassinato de seu líder fora tramado por Calles e tentou um *putsch* num evento que ficou conhecido como Rebelião Escobarista. Esta ocorreu durante o mês de março de 1929, principalmente nos estados do norte – Sonora, Chihuahua, Nuevo León e Durango – e contou entre seus participantes, além do próprio general José Gonzalo Escobar, com o general e governador de Chihuahua, Marcelo Caraveo, e demais generais obregonistas. Estes entendiam que Calles seria o verdadeiro mandante do assassinato de Obregón. Assim, o levantamento militar contra Calles possuía muito mais características personalistas que políticas. Como

[1] O trabalho de maior profundidade sobre a Rebelión Cristera é de Meyer (1973-1974).

outros levantes, suas propostas foram divulgadas por um plano, o Plano de Hermosillo. Esperavam apoio dos *cristeros*, em luta com o governo federal desde 1926, de José Vasconcelos e algum respaldo dos Estados Unidos, mas não conseguiram nada disso.

Essa foi a última das grandes rebeliões militares após a Revolução. Foi rapidamente sufocada e, além de proporcionar um novo expurgo no Exército e até mesmo na Câmara, no Senado e em alguns governos estaduais, serviu para desencorajar possíveis golpes de militares descontentes, na medida em que deixou clara a força do governo central.

No período que se seguiu à morte de Obregón, o México foi governado por três presidentes: Emilio Portes Gil (1928-1929), Pascual Ortiz Rubio (1929-1932) e Abelardo Rodríguez (1932-1934). Essa fase ficou conhecida na história do México como o Maximato, alusão ao domínio político exercido por Calles, o chefe máximo da Revolução. Assim, resumidamente, num intervalo de quinze anos, a política mexicana fora dominada por duas figuras: Obregón e Calles.

As seguidas crises sucessórias eram sintomas da fragilidade do sistema político vigente. Calles, pensando em aperfeiçoar o sistema, criou o Partido Nacional Revolucionário (PNR), em 1929. Mas, ainda assim, o novo partido não deu conta das disputas entre as facções políticas e Calles permaneceu como uma espécie de árbitro político. Essa prática do partido dominado por Calles deu origem ao que viria a ser denominado de um novo caudilhismo – o caudilhismo institucional. O objetivo de tal política era conquistar a adesão não só de líderes regionais ou locais, mas também dos novos atores políticos: os camponeses e os operários.

O primeiro candidato escolhido para representar o partido foi Pascual Ortiz Rubio. Seu principal oponente era José Vasconcelos, que havia sido Educação Pública durante o governo de Obregón. Vasconcelos vivia exilado, desde sua fracassada campanha ao governo do estado de Oaxaca, e foi lançado como pré-candidato pelo Partido Nacional Antirreeleicionista, pela Frente Nacional Renovadora e por outras pequenas agrupações políticas. O pequeno Partido Social Republicano apoiou a candidatura do veterano general revolucionário Antonio I. Villarreal. Outros dois candidatos participaram destas eleições: o general Pedro Rodriguez Triana, pelo Partido Comunista e pelo Bloco de Operários e Camponeses, e o licenciado Gilberto Valenzuela.

José Vasconcelos procurou apresentar a sua candidatura como uma continuação dos ideais de Francisco Madero. Atacou o governo como "caudilhista e violento" e continuador das ditaduras de Porfírio Díaz e Victoriano Huerta. O México, segundo seu discurso, era uma nação sem sociedade civil, sem partidos políticos organizados e sem iniciativa privada, já que esta se encontrava adormecida. Afirmava ainda que a palavra revolucionária havia sido "desnaturalizada". A sua derrota e a presumível fraude eleitoral foram denunciadas de antemão a representantes da agência de notícias *Associated Press*, no momento mesmo em que Vasconcelos fugia em direção ao norte do país, temendo por sua integridade física. No dia 10 de dezembro, na cidade de Guaymas, lançou o Plano Vasconcelista, conclamando a população mexicana a se sublevar contra o governo, mas não obteve sucesso.

Pascual Ortiz Rubio governou de 1929 a setembro de 1932, quando renunciou. Ficou conhecido como o presidente sem poder. Em 1932, foi escolhido o general Abelardo Rodriguez para completar os dois últimos anos do período presidencial. Do ponto de vista econômico, o país passava por uma fase em que foram criados o Banco Central e diversas instituições bancárias e financeiras, além de se executarem grandes obras públicas. Na organização sindical predominava a CROM, do líder sindicalista Luis N. Morones. Este havia rompido com Obregón em 1924, mas mantido estreitas ligações com Calles, e foi ministro da Indústria, Comércio e Trabalho durante sua administração. Esta central sindical predominou no movimento sindical até 1928, quando então perdeu apoio.

Nesse período, os maiores esforços da hegemonia sonorense foram voltados à estabilização política e social do país, na tentativa de construir um novo Estado. Embora tenham ocorrido transformações estruturais na economia e na sociedade, a questão social não foi prioridade para os governantes. A estabilização do regime exigia a domesticação do Exército e a ampliação do poder do governo central. Destaca-se o surgimento de uma nova elite econômica, que se tornou o cerne da elite revolucionária. A "família revolucionária" era constituída pelos oficiais do novo exército que, mediante privilégios em contratos, concessões, acesso a fontes de crédito e investimentos na infraestrutura, ademais da intervenção militar em fazendas, formou uma nova classe alta de latifundiários, comerciantes, banqueiros e industriais.[2] Cabe frisar que esse Estado já se notabilizava pelo controle das organizações dos trabalhadores e camponeses, na tentativa de estabilizar sua base política.

O cardenismo: 1934-1940

Nas eleições de 1934 sagrou-se vencedor o general Lázaro Cárdenas para os seis anos seguintes. Foi um dos primeiros presidentes, desde o fim da luta armada, que não provinha do norte do país, mas do altiplano central. Havia sido governador do estado de Michoacán e fez parte da liderança do PNR. O seu governo teve três fases distintas. A primeira durou de sua posse ao rompimento com Calles e a subsequente mudança do gabinete ministerial, na virada de 1935 para 1936. Nesse primeiro momento, Cárdenas não tinha uma posição política forte e independente. Calles acreditava que continuaria na situação de domínio político, mas não contava com a autonomia de Cárdenas. Os dois entraram em choque, principalmente devido à posição deste com relação à política sindical. Cárdenas conseguiu conciliar uma série de alianças com caudilhos locais, o Exército e sindicatos.

Cárdenas apoiou e obteve respaldo dos operários via Comité de Defensa Proletaria, que posteriormente se transfor-

---

[2] Essa situação foi muito bem exposta no livro de Carlos Fuentes, *La muerte de Artemio Cruz.*

mou na Confederación de Trabalhadores de México (CTM), e da Confederación General de Obreros y Campesinos de México (CGOCM), comandada por Vicente Lombardo Toledano. Esses fatos ocorreram entre junho e dezembro de 1935. No mesmo período, o Partido Comunista Mexicano aproximou-se de Cárdenas graças uma proposta de Frente Popular após a realização do VII Congresso da Internacional Comunista em Moscou, entre julho e agosto de 1935.

Foi nesse contexto nacional e internacional que Cárdenas, primeiro isolou Calles e, posteriormente, rompeu com ele. O ato simbólico foi a mudança de seu gabinete em 14 de junho de 1935; dois dias depois, Calles anunciou sua retirada da vida pública e viajou para o estrangeiro, mas nos bastidores continuou influindo na política mexicana. Voltou em 5 de dezembro de 1935, mas a oposição que encontrou foi muito forte, pois sua influência política achava-se em declínio frente aos novos atores políticos e sociais.

A segunda fase do governo Cárdenas corresponde ao período de 1936 a 1938, quando implantou uma série de políticas sociais, como a reforma agrária, a nacionalização das ferrovias e das companhias petrolíferas e a promoção dos sindicatos por parte do Estado. A relação entre Estado e os sindicatos foi um dos pilares do regime. Aproveitou a fragmentação da CROM e atraiu lideranças sindicais, apresentando-se como uma opção à política conservadora de Calles. Conseguiu atrair setores dos sindicatos de esquerda e marxistas. Foi nesse cenário que surgiu a Confederação Trabalhista Mexicana, em fevereiro de 1936. Sua política de nacionalização ampliou sua influência no meio sindical e a reforma agrária estendeu-a aos camponeses. Para isso contribuiu ainda o apoio dado à formação das Ligas Agrárias, bem como a nomeação de líderes agraristas para postos-chave da administração federal.

O governo cardenista levou a cabo uma reforma agrária das mais significativas, que afetou uma parcela considerável da população de uma região agrícola importante. Com essa reforma agrária, a *hacienda* tradicional foi quase que eliminada por completo. Para se ter uma ideia, ao final de seu governo praticamente a metade dos terrenos cultivados eram ocupados por *ejidos*. Além do mais, esses camponeses *ejidatários* receberam maior apoio governamental na forma de crédito, ajuda técnica e suporte na comercialização. O termo *ejido* (palavra derivada do latim *exitum*) foi criado no período colonial para denominar as áreas limítrofes dos povoados que exploravam principalmente a pecuária e a lenha. Na era pós-revolucionária adquire outra conotação. Atualmente, o *ejido*, uma criação da Revolução Mexicana, foi o instrumento para a reforma agrária no México. O *ejido* é uma espécie de dotação, não há compra; procedia da expropriação de latifúndios ou de terras do Estado e torna-se propriedade da nação, cedida em usufruto perpétuo e hereditário aos camponeses, seja individualmente ou de forma coletiva.

O fato é que, depois de 1935, o ritmo e o conteúdo da reforma agrária mudaram totalmente. Segundo a tabela abaixo, pode-se acompanhar como, durante o mandato de Cárdenas, se acelerou a distribuição de terras em relação aos outros períodos presidenciais.

DOTAÇÕES AGRÁRIAS POR REGIMES PRESIDENCIAIS

Presidentes	Período presidencial	Hectares distribuídos	Porcentagem do total
Venustiano Carranza	1915-1920	132	0,3
Adolfo de la Huerta	maio – nov. 1920	34	0,1
Álvaro Obregón	1920-1924	971	2,0
Plutarco Ellías Calles	1924-1928	3.088	6,4
Emilio Portes Gil	1928-1930	1.173	2,4
Pascual Ortiz Rubio	1930-1932	1.469	3,0
Abelardo Rodríguez	1932-1934	799	1,7
Lázaro Cárdenas	1934-1940	17.890	37,1

Fonte: Informes presidenciais.

Em seu mandato, quase dezoito mil hectares foram distribuídos a ejidatários. A partir da ocupação de postos-chave na esfera federal por agraristas, estes colocaram em prática uma nova política agrária que não se limitou à distribuição de terras, mas também criou mecanismos de crédito agrícola e ampliou o sistema de irrigação. Embora o *ejido* individual ainda prevalecesse, foi incentivada a criação de *ejidos* coletivos e de cooperativas de produção, surgidos em alguns casos da expropriação de fazendas produtivas, como foi na região de La Laguna, nos estados de Coahuila e Durango, no norte do país.

O governo Cárdenas esteve também mais aberto aos interesses dos operários e deu apoio aos sindicatos. Nesse sentido, podemos dizer que existiam certas continuidades com os governos anteriores, em especial no que diz respeito à criação de uma base política de massas e seu controle. Mas, sem dúvida nenhuma, o ponto culminante de sua política reformista foi a expropriação das companhias petrolíferas estrangeiras, que foram nacionalizadas.[3]

Enquanto isso, o PNR, que havia sido criado tendo em vista principalmente as questões políticas, não dava mais conta da complexidade social do país. Em 1938, o antigo partido foi transformado no novo Partido da Revolução Mexicana (PRM), com estrutura semicorporativa, formada por quatro setores: camponês, operário, popular e militar.

A terceira fase, de 1938 até o final do mandato de Cárdenas, em 1940, foi um período de consolidação da política e de tentativa de manutenção das conquistas. A pressão política interna, causada pela alta na inflação e pelos problemas de abastecimento, levaram a uma diminuição do ritmo das reformas sociais. A situação política também pesou, com o acirramento de uma oposição de direita dentro da própria família revolucionária, levando Cárdenas a uma posição mais cautelosa. Foi nesse contexto que escolheu seu sucessor, Manuel Ávila Camacho, um político identificado com a ala mais moderada e que deu outro rumo ao país.

[3] Essas reflexões se devem em grande parte ao livro de Tobler (1994).

Essa exposição do governo de Lázaro Cardenas concorda com a afirmação do historiador Hans Werner Tobler ao dizer que o cardenismo representou a consolidação da Revolução Mexicana ou a "fase tardia da Revolução". A relação entre a fase armada da Revolução (1910-1920) e o governo de Lázaro Cárdenas se deve principalmente a três razões. A elite política cardenista foi formada essencialmente por membros que lutaram na Revolução e traziam consigo as experiências da luta revolucionária e de suas bandeiras de transformação social. Eram, em geral, elementos atuantes nas alas mais radicais ou jacobinas do constitucionalismo, muitos deles os principais responsáveis pela introdução das leis progressistas na Constituição de 1917. Em segundo lugar, as reformas sociais e políticas implantadas sob Cárdenas significaram a adoção prática dos artigos mais avançados da Constituição de 1917. Foi com a realização tardia das reformas que a Revolução adquiriu uma dimensão social. Por último, a realização das reformas cardenistas só foi possível porque o Exército Federal – instrumento de poder da oligarquia – havia sido definitivamente eliminado pelas forças camponesas em 1914.

4. A herança revolucionária

Desde a década de 1940, uma noção de continuidade revolucionária e de etapas sucessivas se impôs à concepção de Revolução Mexicana. Os problemas surgidos da transformação do México no presente eram encarados como novas tarefas a que, no decorrer dos anos, os governos continuadores da Revolução dariam solução. A essa concepção temporal se agrega uma ideia de nação como uma herança histórica sem fissuras, consolidada no governo de Manuel Camacho.

A partir deste período, a preocupação se concentrou em torno de uma industrialização do país, ou seja, deixou de ser política para se tornar principalmente econômica. O primeiro governador civil foi eleito apenas em 1946, quase que ao mesmo tempo em que o Partido da Revolução Mexicana se torna o Partido da Revolução Institucional. O período que vai de 1940 a 1968 marcou uma fase de estabilidade política e de desenvolvimento econômico, assim como de retração dos focos tradicionais de oposição, e de centralização da esfera política em torno do presidente da República. O que predominou foi o que se convencionou chamar de *tapadismo*: a indicação do sucessor pelo atual mandatário. Tal sistema foi a marca da estrutura piramidal da política mexicana nesse período.

Todavia, enquanto o sistema político mexicano ficava estagnado, a sociedade se transformava rapidamente, em parte devido ao desenvolvimento econômico e às transformações do quadro demográfico, marcado pela mudança do perfil da população, de predominantemente rural para urbano. Esse processo coincide com o aumento da contestação política, simbolizada pelo acontecimento que redundou nas manifestações, na repressão e nas mortes ocorridas na Praça das Três Culturas, em Tlatelolco, na noite de 2 de outubro de 1968. Como resultado, no período presidencial seguinte, de Luis Echeverría (1970-1976), foi instituída uma prática política de caráter demagógico na tentativa de reafirmar uma legitimidade ideológica fundada no legado da Revolução e posta em dúvida pelos fatos de 1968.

No final de 1988, devido a uma secessão dentro do PRI, foi criado o Partido da Revolução Democrática, que disputou as eleições presidenciais tendo como candidato o filho de Lázaro Cárdenas, Cuauhtémoc Cárdenas. Este chega a obter uma expressiva votação, embora o candidato priista, Carlos Salinas de Gortari, fosse eleito. Foi durante a presidência de Salinas de Gortari, em 1º de janeiro de 1994, que eclodiu a rebelião do Exército Zapatista de Libertação Nacional, no Estado de Chiapas. Tanto o PRD como o EZLN reivindicavam a herança legítima da Revolução.

Depois de oitenta anos de domínio ininterrupto, em 2000 o Partido da Revolução Institucional perdeu a eleição para o Partido Ação Nacional, de direita, que elegeu Vicente Fox. Este partido, fundado em 1939, sempre se caracterizara por ser o principal partido da oposição conservadora mexicana. Em 2006, conseguiu eleger o sucessor, Felipe Calderón, numa disputa muito controvertida, devido à acusação de fraudes e à pequena diferença de votos com relação ao candidato Andrés Manuel López Obrador, do Partido da Revolução Democrática.

Herança cultural

O embate pela memória da Revolução também tem sido objeto de conflitos desde praticamente o final da luta armada, e a experiência do muralismo é bem clara nesse sentido. O muralismo, ou a Escola Mexicana de Pintura, surgiu logo após o término do período de luta armada, incentivado por José Vasconcelos, em sua estão como ministro da Educação Pública no governo Obregón (1920-1923). Os principais representantes dessa corrente foram Diego Rivera, David Alfaro Siqueiros e José Clemente Orozco que, nas paredes de edifícios públicos, pintaram temas essencialmente históricos. O muralismo foi visto como filho direto da Revolução e tornou-se a principal corrente estética da arte mexicana moderna, obtendo reconhecimento em todo o continente americano, inclusive nos Estados Unidos. Para muitos estudiosos, é a primeira expressão plástica genuinamente latino-americana por representar a temática histórica e social, especialmente camponeses, indígenas e trabalhadores.

Inserido na discussão sobre o papel da arte contemporânea, o muralismo mexicano representou uma crítica à arte acadêmica e de cavalete, produzida no século XIX e nos primórdios do século XX, e respondeu aos debates políticos mexicanos de sua época. Inovou ao utilizar edifícios, espaços públicos e produzir obras monumentais. Teve um alto grau de experimentalismo ao pesquisar e utilizar novos materiais e técnicas. Considerada uma arte engajada, visava enaltecer o advento e as obras da Revolução; daí a escolha dos espaços públicos, pois poderiam assim atingir um maior número de pessoas. Nesse sentido, iam ao encontro do projeto desse novo Estado pós-revolucionário para educar as "massas" analfabetas. Esse movimento dependia do mecenato do Estado, que contratava os artistas e cedia os edifícios públicos, além de garantir o prestígio nacional. Entretanto, engana-se quem pensa que essa relação entre Estado e artistas foi isenta de conflitos e negociações no que concerne à definição do que deveria ser pintado.[1]

Todavia, a disputa por uma cultura revolucionária não ficou restrita às paredes públicas. Na década de 1940, durante o governo de Manuel Ávila Camacho, surgiram duas iniciativas de perpetuação da memória da Revolução. Em 1942, começam a ser publicados os álbuns *Historia Gráfica de la Revolución Mexicana*, monumental obra editada por Gustavo Casasola, que utilizou um rico acervo de fotografias do *Archivo Casasola*, formado por mais de seiscentas mil imagens colecionadas pela família. Este material, enriquecido com a aquisição de imagens de outros fotógrafos, foi declarado patrimônio cultural e histó-

[1] Devo muito dessa reflexão sobre o muralismo ao trabalho de Camilo de Mello Vasconcellos (2007).

rico mexicano. Foi comprado pelo governo mexicano em 1976 e deu origem à Fototeca de Pachuca, vinculada ao Instituto Nacional de Antropologia e História, órgão do governo mexicano.

Nessa mesma década, o governo inaugura o Museu Nacional de História do México, localizado no Castelo de Chapultepec, local simbólico no imaginário histórico e político mexicano. Foi o último reduto dos mexicanos sob o comando do imperador Cuauhtémoc contra a conquista espanhola, posteriormente transformado em palácio do vice-rei, colégio militar, residência do casal imperial Maximiliano e Carlota de Habsburgo, e residência oficial dos presidentes mexicanos. Com a criação do Museu, o local foi transformado em "catedral cívica" da nação e guardião das relíquias mexicanas. O Museu buscou elaborar uma memória revolucionária oficial e legitimadora, principalmente em momentos de crise do sistema político mexicano (Vasconcellos, 2007).

Em 1950, Carmem Toscano lança o filme *Memorias de un Mexicano*, realizado a partir de uma rica produção cinematográfica deixada por seu pai, Salvador Toscano, cinegrafista que registrou os acontecimentos revolucionários nacionais. Numa montagem em que intercala a história de brigas familiares com as disputas políticas do processo revolucionário mexicano, a cineasta procura apresentar uma "história oficial, detentora da memória nacional, e silenciando memórias subalternizadas no interior deste processo uníssono". (Bragança, 2007, p.15)

O culto à continuidade revolucionária presente nos murais, álbuns, museus e filmes foi viabilizado graças à elaboração de uma cultura visual que, à sua maneira, buscou atualizar o passado no momento presente. Criou um culto às origens por meio da veneração de um passado fragmentário e caótico, transformando-o em coeso e fundador. Essa operação só foi possível pela escolha de acontecimentos e de heróis tornados visíveis por meio das imagens estampadas em murais, páginas de álbuns, instalações museológicas e películas.

Durante e depois, a Revolução foi objeto de diversos escritores que buscavam revelar qual era o verdadeiro ser do mexicano encoberto pelas máscaras de séculos de história colonial e autoritária. Assim, esse acontecimento fundador do México moderno foi tema para memórias, diários, crônicas e obras de ficção dos seus mais diversos participantes e observadores, tanto mexicanos como estrangeiros.

Um dos intelectuais mais importantes do México desta época, Martín Luis Guzmán, publicou uma série de trabalhos que procuram refletir sobre o furacão revolucionário. Escreveu em Madri o livro *El águila y la serpiente* [*A águia e a serpente*] (1928), espécie de autobiografia, mas, ao contrário de outras memórias do período, não narrava os acontecimentos de sua vida de forma cronológica, preferindo relatar diversos episódios vividos por ele. Alguns estudiosos consideram esse livro o precursor das reportagens literárias, uma reunião de pequenas crônicas das atividades revolucionárias e recordações de fatos que o autor viveu. O livro relata sua relação com vários líderes revolucionários. Algumas descrições dos personagens revolucionários eram quase como retratos fotográficos, interpretações pessoais de Guzmán.

Em 1929, ele publicou *La sombra del caudilho [A sombra do caudilho],* outro livro em que denuncia os governos autoritários de Obregón e Calles. Essas obras traçam um quadro preciso da política personalista do período, o que o obrigou a se afastar do país. No seu regresso, durante o governo de Cárdenas, escreveu *Memórias de Pancho Villa* (publicado entre 1938 e 1940), com base no arquivo pessoal desse revolucionário.

Essas memórias de quem lutou ou participou da Revolução tiveram ampla divulgação. O material, espécie de testemunho ocular ou de relatos documentais do que de fato aconteceu, transposições literárias de vivências, proliferaram no transcorrer da luta armada e nos anos seguintes. Uma das mais célebres obras desse tipo foi a autobiografia de José Vasconcelos (1881-1959), publicada em cinco volumes: *Ulisses Criollo* (1936), *La tormenta* (1936), *El desastre* (1938), *El proconsulado* (1939) e *La llama* (1959, obra póstuma).

Na ficção, os romances ambientados durante a luta armada deram origem a centenas de obras. Uma das mais conhecidas e populares foi *Los de Abajo*, do escritor Mariano Azuela. Este romance, escrito por um médico que serviu num dos batalhões villistas, retrata as lutas dos camponeses do norte contra as tropas de Carranza. Provavelmente um dos livros mais vendidos no México no século XX, chegou a atingir a cifra de mais de um milhão e meio de exemplares. Escrito ainda em 1915, ou seja, durante o conflito armado, foi publicado pela primeira vez em fascículos no jornal *El Paso del Norte*, editado na cidade fronteiriça de El Paso, nos Estados Unidos. O livro de Azuela, carregado do *ethos* revolucionário, foi considerado fundador do gênero romance histórico da Revolução e ajudou a mitificar este acontecimento como fundador do México moderno.

A visão dos escritores com relação à Revolução Mexicana foi marcada pelo pessimismo com que interpretavam os acontecimentos. Consideravam bárbara a atuação dos camponeses e manifestavam uma profunda decepção para com os principais caudilhos revolucionários. Nesse sentido, suas imagens contrastam com as dos muralistas, que, via de regra, deixaram uma visão positiva do processo revolucionário.

Historiografia

As interpretações historiográficas das causas, da periodização, dos protagonistas e do significado da Revolução Mexicana são as mais diversas e polêmicas desde os primeiros estudos, logo após o término do conflito. Também são objeto de disputas e embates. Os primeiros escritos que procuram refletir e compreender o processo pelo qual o México estava passando surgiram ainda durante o processo revolucionário ou logo após seu término. Estas primeiras análises satanizaram o porfiriato e defenderam o caráter agrário, rural, redentor, global e legítimo da Revolução. A concepção de Revolução, difundida pelos historiadores nas primeiras décadas após sua conclusão, se aproxima muito de uma noção vigente no século XIX, em relação a levantes e revoluções. Estas são vistas tanto como "*cuartelazo*", "pronunciamento", ou "motim militar". Nesta visão, a Revolução não existia como um todo homogêneo. O conceito era associado indistintamente a cada revolta: "revolução" orozquista, escobarista, zapatista, carrancista, maderista, felicista etc.[2]

As primeiras obras historiográficas mais profissionais da Revolução Mexicana possuem como traços em comum uma perspectiva eminentemente agrarista e popular, além da busca das causas da Revolução no passado remoto. A eclosão da Revolução havia ocorrido devido ao modelo econômico adotado há séculos e fomentara a divisão da sociedade mexicana entre grandes latifundiários, *pueblos* ou comunidades indígenas e camponesas sem terras. Ao longo do período colonial e inclusive depois da independência, essas desigualdades foram acentuadas; o porfiriato, neste caso, representou o ponto máximo do *latifundismo*. Segundo essa visão, o levante iniciado em 1910 teve o grande objetivo de transformar não somente as condições sociais imediatas de que padecia grande parte da população mexicana, mas todo um legado de exploração, proveniente do século XVI. Um terceiro elemento compartilhado por estes escritores diz respeito aos principais "atores revolucionários". A Revolução descrita por esta "primeira geração" de historiadores é um movimento de grupos e líderes vencedores. Apesar de concordarem que houve uma participação geral da sociedade mexicana nos levantes e que os principais sujeitos revolucionários foram os camponeses motivados pela luta contra a exploração e pela reforma agrária, pouco espaço foi concedido aos projetos que não vingaram. A narrativa desses autores concentra atenção naqueles personagens que conformaram a "síntese revolucionária nacional".

Entre os estudiosos dessa primeira geração podem-se citar Frank Tannenbaum, Eyler Simpson e Jesus Silva-Herzog. Frank Tannenbaum (1893-1969) escreveu uma das primeiras obras sobre a Revolução. Este historiador e sociólogo norte-americano, formado pela Universidade de Columbia, escreveu

[2] O debate sobre a historiografia da Revolução Mexicana foi abordado com mais profundidade em artigo escrito por mim e pela professora Maria Aparecida de Souza Lopes. Ver Barbosa e Lopes (2001).

dois livros clássicos, *The Mexican Agrarian Revolution* (1929) e *Peace by Revolution: Mexico after 1910* (1933), após pesquisas de campo realizadas durante a década de 1930. Tannenbaum trabalhou para o presidente Lázaro Cárdenas durante sua estada nesse país e posteriormente, ao retornar aos Estados Unidos, foi assessor do presidente Franklin D. Roosevelt durante o New Deal. Outro autor da mesma geração foi Jesús Silva Herzog (1892-1985). Formou-se em Economia e, durante o governo Cárdenas, foi responsável pelo comitê de nacionalização do petróleo.

Outro autor que segue essa abordagem é Eyler Simpson. Sua obra *The Ejido Mexico's Way Out* não é uma pesquisa diretamente voltada para a Revolução Mexicana. O objetivo principal do autor é apresentar uma reflexão sobre a propriedade *ejidal*. Neste sentido, apesar de Simpson compartilhar com seus contemporâneos determinados pontos de vista sobre a Revolução, é necessário ressaltar algumas discrepâncias, até porque seu interlocutor direto é Tannenbaum. A demanda pela terra e a posterior adoção do sistema *ejidal* foram, segundo Simpson, os aspectos que fundamentaram e deram um sentido à Revolução e aos camponeses que se levantaram em distintas partes do México a partir de 1910, sem objetivos ideológicos claros. Na concepção deste autor, o *ejido* representou um dos poucos resultados verdadeiramente revolucionários das lutas de 1910 e 1917.

A segunda geração de autores que estudaram a Revolução Mexicana ficou conhecida como "revisionista" porque começou a questionar se a Revolução havia cumprido seus programas de reformas. Com uma produção heterogênea, suas investigações inovaram na abordagem metodológica e teórica. Muitos desses autores problematizaram a base fundamental dos precedentes, negando o título de "revolução" para os acontecimentos registrados entre 1910 e 1920 no México, já que, segundo eles, as principais forças políticas e as facções revolucionárias radicais e populares foram derrotadas prematuramente e os resultados apenas refletiram os interesses dos grupos mais conservadores.

Alguns dos fatores que explicam essas mudanças no enfoque da Revolução se inserem no contexto das décadas de

1960 e 1970, tais como a vitória da Revolução Cubana e sua repercussão em todo o continente. Mas, talvez o marco político mais importante e que influenciou de forma mais decisiva a reavaliação da Revolução Mexicana, e principalmente de seus herdeiros, foi o massacre da Praça de Tlatelolco, em 1968. Durante esse episódio, os protestos estudantis contra gastos excessivos com as Olimpíadas rapidamente se transformaram no questionamento da falta de democracia. As manifestações ganharam força e o apoio dos trabalhadores e passaram a sacudir a capital mexicana e a mexer com o governo.

As manifestações, organizadas principalmente por estudantes e setores da classe média, com o apoio dos trabalhadores, ocorreram entre julho e outubro. No dia 2 de outubro, o Exército e a polícia reprimiram com extrema violência os manifestantes, resultando em várias mortes. A desilusão com a repressão governamental motivou a busca de uma nova compreensão do Estado pós-revolucionário e incentivou uma reavaliação da história mexicana, em especial do seu marco fundador: a Revolução.

Um dos questionamentos mais críticos da Revolução Mexicana foi elaborado pelo historiador Ramón Eduardo Ruíz, cujo livro de 1980, *The Great Rebellion – México, 1905-1924*, [*A grande rebelião*] talvez seja um dos exemplos mais representativos da historiografia revisionista. O autor destaca muito mais a continuidade do projeto de sociedade do porfiriato e o impulso dado ao sistema capitalista pós-revolucionário que, segundo ele, esvazia o sentido do termo "revolução" no caso mexicano. Ainda segundo o autor, as figuras que propuseram as transformações sociais mais radicais, como Emiliano Zapata e Ricardo Flores Magón, foram derrotadas e praticamente eliminadas.

Uma das características fundamentais do Estado pós-revolucionário foi a incorporação tutelada das massas populares num regime de governo "paternalista e autoritário", que objetivava o aperfeiçoamento do capitalismo, segundo a análise de Arnaldo Córdova, em *La ideología de la Revolución Mexicana* (1992). Nesse processo, os sindicatos assim como o Partido oficial transformaram-se nos veículos que possibilitaram a participação popular num projeto de desenvolvimento econômico contrário a seus interesses e que, em última instância, se submetia aos interesses do capital internacional.

Com interpretações originais para a época e escrito durante a prisão do autor entre 1966 e 1971, o livro *La revolución interrumpida* [*A revolução interrompida*], de Adolfo Gilly, inova ao direcionar o clímax da luta de classes para a tomada da Cidade do México pelos exércitos populares de Villa e Zapata, em dezembro de 1914, e ao afirmar que o zapatismo foi o fator decisivo na evolução dos acontecimentos, retomando, de certa forma, a tese central já esboçada por François Chevalier e outros. Gilly revaloriza a participação dos camponeses, ressaltando porém que a Revolução foi interrompida devido à debilidade do proletariado urbano e à consequente inexistência de um partido que fosse capaz de costurar uma aliança operário-camponesa; daí sua conclusão de que o Estado surgido após a Revolução é "bonapartista".

Nesta mesma linha de argumentação, novos estudos começaram a buscar as causas das limitadas mudanças sociais no México, durante a década de 1920, no fato de que as vozes revolucionárias mais radicais foram caladas prematuramente. Uma das tendências mais importantes de um grupo destacado de trabalhos revisionistas concentrou-se na "recuperação" de alguns personagens "esquecidos" da Revolução Mexicana e numa revalorização dos projetos vencidos. Exemplos absolutamente claros disso são as figuras de Francisco Villa e Emiliano Zapata, ainda que no caso deste último pode-se encontrar um consenso e uma certa "simpatia historiográfica" com relação ao conteúdo eminentemente agrarista de suas propostas. Zapata, sempre foi, de algum modo, um herói da Revolução. No entanto, em relação a Villa, a situação é bastante diferente. Sua figura sempre esteve atrelada a uma série de mitos, contos e histórias, que tornam esse personagem atraente para qualquer pesquisador. Foi somente a partir da década de 1960 que se começou a resgatar o caráter "revolucionário" da División del Norte e seu líder, e o principal responsável foi, sem dúvida alguma, o historiador Friedrich Katz.

Na compreensão de Katz, a dificuldade em situar o movimento villista no quadro de facções revolucionárias resulta precisamente da composição heterogênea da División del Norte, de forma que as propostas dessa facção refletiram um mosaico de opiniões adequado às condições regionais. A fragmentação da grande propriedade não era a única demanda dos seguidores de Villa e nem o motivo pelo qual lutavam, diferentemente do caso do movimento zapatista, cujos membros orientaram sua ação política e militar em nome do Plano de Ayala. Em Chihuahua, por exemplo, um dos bastiões do villismo, o problema da terra não se resumia ao conflito entre *pueblos* e *hacendados*, mas sim a contradições muito mais complexas.

A busca por novos personagens a partir da década de 1960 é plasmada em outros dois trabalhos que têm como objeto de análise a participação e influência dos intelectuais na Revolução. Em *Precursores Intelectuales de la Revolución Mexicana*, James D. Cockcroft (1994) pesquisa a intervenção de seis importantes personagens da Revolução: Camilo Arriaga, Juan Sarabia, Librado Rivera, Antonio Díaz Soto y Gama, Francisco I. Madero e Ricardo Flores Magón. Outro trabalho que segue essa mesma tendência é o livro de Enrique Krauze (1994), *Caudillos culturales en la revolución mexicana*, resultado de uma tese de doutorado apresentada ao *Colegio de Mexico*, em 1974, que investiga a geração de 1915, também conhecida como "os sete sábios" (Antonio Castro Leal, Alberto Vásquez del Mercado, Vicente Lombardo Toledano, Teófilo Olea y Leyva, Alfonso Caso, Manuel Gómez Morín e Jesús Moreno Baça) e sua relação com o Estado pós-revolucionário. A tentativa de construir uma biografia política coletiva, ou dos grupos intelectuais surgidos durante o período armado, tem como fios condutores dois personagens: Vicente Lombardo Toledano e Manuel Gómez Morín.

Essa geração de historiadores foi responsável por inovações na abordagem metodológica, principalmente por seus estudos regionais. O auge dessa última tendência deveu-se, em grande parte, a um processo de "descentralização" da pesquisa histórica no México. A partir dos anos de 1960, fundaram-se novos centros dedicados exclusivamente ao estudo das "histórias regionais" e se fortaleceram as universidades do interior do país.

O livro de Romana Falcón, uma versão de sua tese de doutorado defendida no princípio da década de 1980 na Universidade de Oxford, é um dos exemplos mais importantes da chamada historiografia "revisionista". Em primeiro lugar, porque rompe com a tradição dos estudos globais publicados até esse período e propõe uma análise profunda do curso da Revolução num Estado do Méxicio, San Luis Potosí que, aparentemente, não foi um cenário destacado durante os combates armados. Essa perspectiva metodológica regional permitiu que a autora incorporasse ao seu discurso atores pouco conhecidos no panorama nacional, tais como os denominados setores médios e um grupo de líderes locais que se responsabilizou pela continuidade da Revolução em suas zonas de atuação. Teceu também uma aguda crítica aos trabalhos "tradicionais" acerca da Revolução, que a interpretaram como um movimento fundamentalmente agrário, orientado por líderes populares que reivindicavam o fim do sistema *porfiriano* e a devolução de suas propriedades comunais. Segundo a autora, pelo menos nesse Estado a Revolução foi organizada em grande medida pelos setores da elite descontentes com o porfiriato.

Nessa obra, a discussão de fundo diz respeito às consequências da dispersão do poder político, ocorrido durante a fase inicial da Revolução Mexicana. A Revolução, assim, atuou como um movimento que desintegrou a estrutura centralista *porfiriana* e ajudou o fortalecimento de líderes locais. Na falta de um poder centralizado, brotaram lideranças locais armadas que se incorporaram à Revolução, não necessariamente em função de "injustiças" sociais, mas com objetivos meramente políticos e pessoais. Sua análise introduz o conceito teórico central de sua interpretação: o caciquismo.

Os seguidores desses caciques, de diferentes classes sociais, incorporaram-se à luta armada devido aos seus vínculos pessoais e aos compromissos que haviam estabelecido com seus *jefes*, em troca de recompensas materiais ou proteção.

Essa "mobilização vertical", segundo a autora, fragilizou e, em alguns casos, praticamente anulou os levantes de genuíno caráter popular, que ocorreram em outras partes do México, da mesma forma como eliminou a construção de um programa agrário. Na ausência de líderes populares, argumenta Falcón, surgiu outra liderança que se aproveitou da Revolução para conquistar espaços na estrutura política limitada pela oligarquia *porfiriana* a um grupo seleto.

Tais particularidades explicariam o fato de esses líderes se converterem em verdadeiros obstáculos durante o processo de consolidação do Estado "revolucionário", pois, nessa fase, eles já haviam abandonado a luta armada para ocupar postos políticos nos seus estados, com amplo apoio de seus antigos seguidores. Somente durante o governo Lázaro Cárdenas, graças a mecanismos de cooptação ou eliminação dos *caciques*, foi que ocorreu o fortalecimento do poder central.

Um trabalho paralelo a este foi a obra de Héctor Aguilar Camín (1977) sobre o estado de Sonora, na qual o autor realiza um estudo detalhado sobre um grupo político conhecido como "dinastia de Sonora", que comandou a política mexicana no período pós-revolucionário e teve um papel importante na reorganização do Estado nacional.

Da produção estrangeira, sem dúvida alguma *México. Del Antiguo Régimen a la Revolución*, de François-Xavier Guerra, é um dos livros mais polêmicos. Esse trabalho não adentra a análise da Revolução em si; o recorte temporal da pesquisa se inicia antes de 1876 e termina em 1911, com um capítulo sobre o levante de Madero. No entanto, as ideias centrais propostas sobre o porfiriato fizeram com que este trabalho se tornasse imprescindível para o estudo das causas da Revolução Mexicana a longo prazo. Inspirado pelos trabalhos de François Furet sobre a Revolução Francesa, bem como pelas propostas de Fernand Braudel acerca da análise de longa duração, Guerra propõe uma aguda crítica às conquistas revolucionárias de 1910. O objetivo central do autor é compreender as principais características de funcionamento do sistema *porfiriano* e a "singularidade" do liberalismo adotado no México durante as últimas décadas do século XIX. Chamado de "ditadura" pelos revolucionários e considerado patriarcal pelos contemporâneos, o "regime porfiriano" conseguiu subsistir por mais de trinta anos. Para explicar essa longevidade, Guerra baseia-se fundamentalmente na análise das relações de caciquismo que, segundo sua interpretação, constituíram o pilar estrutural do porfirismo.

A metodologia utilizada pelo autor consiste na análise do perfil de um amplo grupo de políticos vinculados à administração porfiriana nas diversas regiões do país. Esse estudo abarca uma minuciosa pesquisa biográfica dessas personagens, incluindo seu estado de origem, grupo étnico, formação escolar, profissão ou grau militar, filiação política e/ou partidária, aliados, cargos políticos, adesão ou oposição aos sucessivos levantes precedentes ao porfiriato, entre outros dados.

O autor evidenciou a existência de um conflito latente no México do século XIX: uma sociedade regida de acordo com princípios estritamente liberais, permanentemente violados pela realidade social, enquanto o porfirismo foi a forma encontrada para manter o equilíbrio entre esses dois mundos heterogêneos.

Esse equilíbrio possibilitou levar adiante a marcha do "progresso" econômico no final do século XIX, junto com o aumento populacional, a expansão das cidades e o crescimento de um setor médio, composto por mineiros, pequenos empresários, comerciantes, empregados municipais, entre outros grupos. No entanto, a modernização também acabou por exacerbar as tensões inerentes à sociedade mexicana: as comunidades, "indígenas ou não", começaram a sofrer uma pressão externa que as ameaçava privar de suas posses e do grau de liberdade política e jurídica que possuíam; enquanto isso, as elites locais iniciavam um questionamento do regime que havia limitado e, algumas vezes, impossibilitado sua participação em certas instâncias da administração política. Paralelamente, vão se criando novos espaços de discussão política, como os "clubes liberais" que, segundo Guerra, foram os primeiros núcleos da futura oposição revolucionária.

Nesse sentido, a Revolução não resultou apenas da luta de camponeses sedentos por justiça social, ainda que esse elemento estivesse presente. Guerra introduziu um componente político-ideológico: a relação de contradição, e a posterior ruptura do pacto entre dois tipos de atores, os "antigos" e os "modernos", que, segundo o autor, se mantiveram em relativo equilíbrio devido à mediação de Porfírio Díaz durante o período em que esteve no poder. Ainda que resultasse da "incompatibilidade momentânea" entre esses dois mundos, a Revolução não resolveu os conflitos nem os governos pós-revolucionários elaboraram um novo sistema político ou social; pelo contrário, a tarefa primordial desses últimos concentrou-se na reconstrução de um regime que pudesse pôr em marcha uma nova ficção e voltasse a estabelecer o equilíbrio entre esses núcleos de poder.

Nas últimas duas décadas, a historiografia retornou a uma visão geral dos acontecimentos, não somente no tocante à abordagem geográfica, mas também no âmbito temporal. Assim o porfiriato e os anos considerados posteriores à luta armada tornaram-se períodos essenciais a serem estudados. Certos autores consideram que o final da Revolução acontece com o governo de Lázaro Cardenas (1934-1940).

Algumas dessas últimas pesquisas foram fundamentais para reavaliar as linhas de investigação da Revolução. Para John Mason Hart (1990), a Revolução Mexicana foi um movimento de massa, de caráter nacionalista, frente à penetração imperialista. Neste sentido, para Hart, a Revolução Mexicana foi um dos primeiros levantes contra a penetração econômica e o controle político dos Estados Unidos. Uma das inovações introduzidas por esse autor foi considerar que esse fenômeno histórico guardou semelhanças com outros movimentos do começo do século XX em outras partes do mundo, como no Irã, na China e na Rússia (1905). Estes macrofenômenos caracterizavam-se por serem reações ao imperialismo britânico ou norte-americano. Sem descuidar da importância que tiveram os camponeses, Hart valorizou a atuação dos operários industriais urbanos. Para ele, houve três revoluções dentro da Revolução Mexicana:

a primeira, uma revolução camponesa; a segunda, de aspecto mais nacional, apoiada pela pequena burguesia; e a terceira, uma incipiente revolução proletária.

Já o estudo de Alan Knight (1986) buscou registrar numa dimensão microscópica o multiforme e polifacetado processo revolucionário mexicano. Para ele, os conceitos de classe da teoria marxista não davam conta dessa realidade histórica e, assim, propôs uma nova tipologia e a divisão dos grupos sociais revolucionários entre "serranos" e "agraristas". Os primeiros foram definidos não tanto por sua localização geográfica, mas mais porque se encontravam relativamente independentes do centro político do país e reagiram a uma centralização política ocorrida durante o porfiriato; já os segundos eram relacionados aos camponeses que lutavam por uma revisão da questão da terra. Com essa perspectiva, Knight privilegiou fatores políticos e culturais em detrimento de uma análise classista, como a de Hart.

Para Knight, as forças motrizes da Revolução estavam nos fatores endógenos, como os movimentos sociais locais e regionais, e surgiram mais como um processo do que como uma série de programas sociopolíticos, de medidas legislativas ou fatores exógenos, como a intervenção dos Estados Unidos, que teriam um papel secundário.

Para Hans Werner Tobler (1994), a Revolução deveria ser vista num processo de "longa duração". Para ele, os acontecimentos da década de 1930 estavam interligados com o processo revolucionário, por isso sua periodização vai de 1910 até o governo de Lázaro Cárdenas (1934-1940). Esse último governo foi o principal responsável pelo atendimento de diversas demandas sociais surgidas durante a luta armada e, assim, deu um caráter social à Revolução, permitindo maior tranquilidade e estabilidade ao sistema político mexicano, durante os anos subsequentes.

A análise da Revolução Mexicana aqui apresentada inspira-se nessas interpretações e considera que, para entender o México moderno do século XX e XXI, é necessário compreender o porfiriato, o período armado e ampliar a reflexão até a década de 1930 e o governo Cárdenas, que foi o desfecho da Revolução. Ao contrário dos revisionistas, que trouxeram uma importante contribuição aos estudos históricos da Revolução, entendemos que este grande movimento social representou uma ruptura na história mexicana, apesar das continuidades, e definiu a feição desta nação até os dias atuais.

A Revolução Mexicana entre 1910 e 1920 marcou a história do México moderno. Muito se discutiu e ainda hoje se debate sobre seu caráter e resultados. Existem aqueles que a negam, afirmando que o que ocorreu foram diversas rebeliões no tempo e no espaço. O discurso oficial do Partido da Revolução Institucional, que queria legitimar-se como herdeiro natural da Revolução, ao longo de todo o século passado, foi balizado na ideia de uma continuidade ininterrupta, pelo menos até 2000, quando o PRI perdeu o poder.

A Revolução Mexicana representou uma ruptura na história do país. Seu processo histórico, com forte participação popular, levou à construção de um Estado que incorporou as demandas populares em suas leis, de forma indelével. O violento ingresso das massas como protagonistas na história mexicana do início do século XX levou à criação de uma política de massas mais à esquerda do que a de outros países da América Latina.

Num balanço dos desdobramentos da Revolução, o México foi um país que conservou um sistema civil de governo ao longo de quase todo o século XX, em que pese seu caráter autoritário, o que não ocorreu nos países da América do Sul, por exemplo. A estabilidade do seu sistema político constitui um dos seus principais resultados, só possível devido ao movimento genuinamente popular e à eliminação política da oligarquia e do antigo Exército.

No momento em que se aproximam as comemorações do Bicentenário da Independência e do Centenário da Revolução Mexicana, com a alternância de poder e o surgimento de novos atores sociais, como o EZLN, é provável que se acirrem as disputas pela memória desses dois momentos fundadores da nação mexicana, no transcorrer das festividades organizadas pelo Estado durante este ano. Um exemplo do que pode ocorrer foi o que se passou em 2006 com o Instituto Nacional de Estudos Históricos da Revolução Mexicana (fundado em 1953 no governo de Adolfo Cortines). Seu nome mudou para Instituto Nacional de Estudos Históricos das Revoluções Mexicanas, para englobar em suas temáticas de investigação as Revoluções de Independência, a Revolução Liberal de 1857, a Revolução Mexicana de 1910-1920, e a transição democrática de 2000. Este é apenas mais um embate em torno da memória e da herança da Revolução Mexicana.

Bibliografia

AGUILAR CAMÍN, H. *La frontera nómada: Sonora y la revolución mexicana.* México: Siglo XXI, 1977.

AGUILAR CAMÍN, Héctor e MEYER, Lorenzo. *A la sombra de la revolución mexicana.* México: Cal y Arena, 1994.

ALIMONDA, H. *A Revolução Mexicana.* São Paulo: Moderna, 1986.

ALTMANN, Wener. *México e Cuba*: revolução, nacionalismo, política externa. São Leopoldo: Unisinos, 2001.

ALTMANN, Werner. *A trajetória contemporânea do México.* São Paulo: Pensieri, 1992.

BARBOSA, Carlos A. S.; LOPES, Maria A. de S. A historiografia da revolução mexicana no limiar do século XXI: tendências gerais e novas perspectivas, *História*, Unesp, 2001. p.163-198.

BARBOSA, Carlos Alberto S. *Morte e a vida da revolução mexicana:* "Los de Abajo", *de Mariano Azuela.* Dissertação de Mestrado apresentada no Programa de Pós-Graduação da PUC-SP, 1996.

BARBOSA, Carlos Alberto Sampaio. A construção, consolidação e o espetáculo do poder no México Revolucionário, *Diálogos*, v.8, n.2, 2004, p.153-187.

BARBOSA, Carlos Alberto Sampaio. *20 de Novembro de 1910: A Revolução Mexicana.* São Paulo: Companhia Editora Nacional/Lazuli Editora, 2007.

BARBOSA, Carlos Alberto Sampaio. *A fotografia a serviço de Clio*: uma interpretação da história visual da Revolução Mexicana (1900-1940). São Paulo: Editora Unesp, 2006.

BATRA, Armando. La revolución mexicana de 1910 en la perspectiva del magonismo. In: GILLY, Adolfo et al. *Interpretaciones de la revolución Mexicana.* México: UNAM/Editorial Nueva Imagen, 1983.

BRADING, D. A. La revolución mexicana: ¿burguesa, nacionalista, o simplemente una gran rebelión? *Cuadernos Políticos.* México, Instituto de Investigaciones Histórico-sociales, n.48, 1996.

BRADING, David. *Caudillos y campesinos em la revolución mexicana.* México: FCE, 1993.

BRAGANÇA, Maurício de. Registros Documentais no Cinema da Revolução Mexicana, *História*, Unesp, v.26, n.2, 2007.

CAPELATO, Maria Helena R. Populismo Latino-Americano em Discussão. In: FERREIRA, Jorge. *O populismo e sua História*: debate e crítica. Rio de Janeiro: Civilização Brasileira, 2001, p.125-165.

CHEVALIER, François. Un factor decisivo de la revolución agraria de México: el levantamiento de Zapata 1911-1919. In: *Cuadernos Americanos*, n.6, nov.-dez. 1960, v.CXIII, p.165-187.

COCKCROFT, J. D. *Precursores intelectuales de la revolución Mexicana.* México: Siglo XXI, 1994.

CÓRDOVA, A. *La ideología de la revolución mexicana. La Formación del nuevo régimen.* México: Era, 1992.

CORRÊA, Anna Maria Martinez. *A Revolução Mexicana (1910-1917).* São Paulo: Brasiliense, 1983.

FALCÓN, R. *Revolución y Caciquismo. San Luis Potosí, 1910-1938.* México: El Colegio de México, 1984.

FALCÓN, R. *México. Del Antiguo Régimen a la Revolución.* México: Fondo de Cultura Económica, 1988, t.1.

GILLY, Adolfo. La Revolución Mexicana. In: SEMO, Enrique (coordenador). *México, un Pueblo en la Historia.* Volume 3 – Oligarquia y revolución. México: Alianza Editorial, 1993.

GILLY, Adolfo. *El Cardenismo, una Utopia Mexicana.* México: Cal y Arena, 1994.

GILLY, Adolfo. *La revolución interrumpida* (Edição revista e ampliada). México: Era, 1994.

GILLY, Adolfo et al. *Interpretaciones de la Revolución Mexicana.* México: UNAM/Nueva Imagen, 1983.

GONZÁLEZ, Luis. El liberalismo triunfante. In: COSÍO VILLEGAS, Daniel, *Historia General de México.* México: Colmex/Harla, 1988.

GUERRA, François-Xavier. *México: del Antiguo Régimen a la Revolución.* 2 volumes. México: Fondo de Cultura Económica, 1992.

GUZMÁN, Martin Luis. *Memorias de Pancho* Villa. México: Fondo de Cultura Económica, 1987.

HART, John Mason. *El México revolucionário*: gestación y processo de la revolución mexicana. México: Alianza Editorial Mexicana, 1990.

HERNÁNDEZ CHÁVEZ, Alicia. *Anenecuilco*: memória y vida de um pueblo. México: Fondo de Cultura Económica/Colégio de México, 1993.

HERNÁNDEZ CHÁVEZ, Alicia. *México:* Una breve historia del mundo indígena al siglo XX. México: Fondo de Cultura Económica, 2002.

HERZOG, Jesus Silva. *Breve historia de la revolución mexicana*. 2v. México: Fondo de Cultura Económica, 1995.

HU-DEHART, Evelyn. Rebelión campesina en el noroeste: los indios Yaquis de Sonora, 1740-1976. In: KATZ, Friedrich (comp.) *Revuelta, rebelión y revolución – La lucha rural en México del siglo XVI al siglo XX*. México: Era, 1990, v.1.

JAVIER GUERRERO, Francisco. Lázaro Cárdenas: el Gran Viraje. In: SEMO, Enrique (coordenador). *México: un pueblo en la historia*. v.4 – Los frutos de la revolución. México: Alianza Editorial, 1998.

JOSEPH, Gilbert M. *Revolution from Without: Yucatan, Mexico, and the United States, 1880-1924*. New York: Cambridge University Press, 1982.

KATZ, Friedrich (compilador). *Revuelta, rebelión y revolución*: la lucha rural en México del siglo XVI al siglo XX. México: Era, 1999.

KATZ, Friedrich. O México: a República Restaurada e o Porfiriato, 1867-1910. In: BETHELL, Leslie. *História da América Latina*. v.V: De 1879 a 1930. São Paulo/Brasília: Edusp/Funag/Imesp, 2002.

KATZ, Friedrich. Pancho Villa, los movimientos campesinos y la reforma agrária en el norte de México. In: BRADING, David. *Caudillos y campesinos em la revolución mexicana*. México: Fondo de Cultura Económica, 1993, p.86-105.

KATZ, Friedrich. Pancho Villa y la Revolución Mexicana. *Revista Mexicana de Sociología.* México, v.51, n.1, 1989.

KATZ, Friedrich. *La guerra secreta en México.* México: Era, 1982, t.2.

KATZ, Friedrich. *Pancho Villa*. 2v. México: Era, 1999.

KATZ, Friedrich. *The Secret War in Mexico: Europe, The United States and the Mexican Revolution*. Chicago: The University of Chicago Press, 1981.

KNIGHT, Alan. Caudillos y campesinos en el México revolucionario, 1910-1917. In: BRADING, D.A. (org.). *Caudillos y campesinos en la revolución mexicana.* México: Fondo de Cultura Económica, 1993.

KNIGHT, Alan, México 1930-1946. In: BETHELL, Leslie (org.), *Historia de América Latina*. v.13: México y el Caribe desde 1930. Barcelona: Crítica/ Grijalbo Mondadori, 1998.

KNIGHT, Alan. *La revolución mexicana: del porfiriato al nuevo régimen constitucional*. 2v. México: Editorial Grijalbo, 1986.

KRAUZE, Enrique. *Caudillos culturales en la revolución mexicana*. México: Siglo XXI, 1994.

LOPES, Maria Aparecida de Souza. *De costumbres y leyes: abigeato y derechos de propriedad en Chihuahua durante el porfiriato*. México/Zamora, El Colegio de México/El Colegio de Michoacán, 1995.

MATUTE, Álvaro. *Aproximaciones a la historiografia de la revolución mexicana*. México: UNAM, 2005.

MEYER JR., Jean. *La Cristiada*. 3v. México: Siglo XXI, 1973-1974.

NUNES, Américo. *As revoluções do México*. São Paulo: Perspectiva, 1980.

PAZ, Octavio. *O labirinto da solidão e post scriptum*. Rio de Janeiro: Paz e Terra, 1992.

PRADO, Maria Ligia Coelho. *O populismo na América Latina*. São Paulo: Brasiliense, 1983.

REED, John. *México rebelde*. Rio de Janeiro: Civilização Brasileira, 1978.

RUÍZ, Ramon E. *The Great Rebellion*. Mexico, 1905-1924. New York: W. W. Norton & Company, Inc., 1980.

SIMPSON, Eyler. *The Ejido*: Mexico's Way Out. Chapel Hill: The University of North Caroline Press, 1937.

SMITH, Peter H. México 1946-1990. In: BETHELL, Leslie (org.). *Historia de América Latina*. v.13. México y el Caribe desde 1930. Barcelona: Crítica/ Grijalbo Mondadori, 1998.

TANNENBAUM, Frank. *Peace by Revolution*. New York: Columbia University Press, 1968.

TANNENBAUM, Frank. *The Mexican Agrarian Revolution*. New York: Macmillan, 1929.

TOBLER, Hans Werner. *La revolución mexicana*: algunas particularidades desde um punto de vista comparativo. In: *Revista Mexicana de Sociologia*, ano LI, n.2, abr.-jun. 1989, p.151-159.

TOBLER, Hans Werner. *La revolución mexicana*: transformación social y cambio político, 1876-1940. México: Alianza Editorial, 1994.

VASCONCELLOS, Camilo de Mello. *Imagens da revolução mexicana:* o Museu Nacional de História do México, 1940-1982. São Paulo: Alameda, 2007.

VILLA, Marco Antonio. *A Revolução Mexicana*. São Paulo: Ática, 1993.

VILLA, Marco Antonio. *Francisco "Pancho" Villa. Uma liderança da vertente camponesa na revolução mexicana*. São Paulo: Ícone, 1992.

VILLA, Marco Antonio. *Pancho Villa. O herói desfocado*. São Paulo: Brasiliense, 1984.

WOMACK JR., John. A Revolução Mexicana. In: BETHELL, Leslie. *História da América Latina*. v.V: De 1879 a 1930. São Paulo/Brasília: Edusp/Funag/Imesp, 2002.

WOMACK Jr., John. *Zapata y la revolución mexicana*. México: Siglo XXI, 1992.

Coleção Revoluções do Século 20
Direção de Emília Viotti da Costa

A Revolução Alemã [1918-1923] – Isabel Loureiro

A Revolução Boliviana – Everaldo de Oliveira Andrade

A Revolução Chilena – Peter Winn

A Revolução Chinesa – Wladimir Pomar (org.)

A Revolução Colombiana – Forrest Hylton

A Revolução Cubana – Luis Fernando Ayerbe

A Revolução Guatemalteca – Greg Grandin

A Revolução Iraniana – Osvaldo Coggiola

A Revolução Nicaraguense – Matilde Zimmermann

A Revolução Peruana – José Luis Rénique

A Revolução Salvadorenha – Tommie Sue-Montgomery e Christine Wade

A Revolução Venezuelana – Gilberto Maringoni

A Revolução Vietnamita – Paulo Fagundes Visentini

As Revoluções Russas e o Socialismo Soviético – Daniel Aarão Reis Filho (org.)

SOBRE O LIVRO

Formato: 10,5 x 19 cm

Mancha: 18,8 x 42,5 paicas

Tipologia: Minion 10,5/12,9

Papel: Off-White 80 g/m^2 (miolo)

Cartão Supremo 250 g/m^2 (capa)

1ª edição: 2010

5ª reimpressão: 2021

EQUIPE DE REALIZAÇÃO

Edição de Texto

Maria Silvia Mourão Neto (Copidesque)

Fabio Larsson (Preparação)

Roberta Oliveira Stracieri (Revisão)

Editoração Eletrônica

Eduardo Seiji Seki (Diagramação)

Projeto Visual (capa e miolo)

Ettore Bottini

Capa

Megaart

Foto da Capa

Francisco Villa e Emiliano Zapata chegam

à Cidade do México, 1914.

Fototeca Nacional do México. Coleção SINAFO-FN-INAH.

Inventário 197988.

MUNDIALGRÁFICA
www.mundialgrafica.com.br